GROTESQU
SUPERNATURAL BEINGS:

The Directory of Monsters in the Other Side of The World

惊奇与怪异
域外世界怪物志

刘星　著

九州出版社
JIUZHOUPRESS

图书在版编目（CIP）数据

惊奇与怪异：域外世界怪物志 / 刘星著. -- 北京：
九州出版社，2018.9
　ISBN 978-7-5108-7490-1

　Ⅰ. ①惊… Ⅱ. ①刘… Ⅲ. ①鬼－文化－西方国家
Ⅳ. ①B933

中国版本图书馆CIP数据核字(2018)第219902号

惊奇与怪异：域外世界怪物志

作　　者	刘星 著
出版发行	九州出版社
地　　址	北京市西城区阜外大街甲 35 号（100037）
发行电话	（010）68992190/3/5/6
网　　址	www.jiuzhoupress.com
电子信箱	jiuzhou@jiuzhoupress.com
印　　刷	北京金特印刷有限责任公司
开　　本	880 毫米×1230 毫米　32 开
印　　张	11.5
字　　数	221 千字
版　　次	2018 年 10 月第 1 版
印　　次	2018 年 10 月第 1 次印刷
书　　号	ISBN 978-7-5108-7490-1
定　　价	78.00 元

PREFACE
前言

在阅读这本书的时候，我希望读者能够发现这是在寻找世间奇伟、瑰怪、非常之观的过程中，将所见所得，汇聚到一起，构成的一本好奇心之书。

法国医师安布鲁瓦兹·帕雷在1573年出版了《Des Monstres et Prodiges》一书，在被日本引介时，书名被翻译为了《怪物と驚異》（怪物与惊异），这就是我编撰的这本书名称的来源。

安布鲁瓦兹·帕雷在这本书中收集了各种奇异的动物、天文现象，有些来自前人的博物志、宇宙志和研究著作等等，有些来自当时社会流传很广的木刻版画，更有趣的是，他运用了当时欧洲的医学、生物学理论对这些奇异之物进行了诠释，这些内容在国内几乎是无人涉足的。

同时，在这部书中，这些生物构成了奇异的景观，使人对当时欧洲的思维观念不由得好奇，这些想象中的动物的起源是什么？它们是如何演变成这种形象的？当时的欧洲人在这些想象中的动物上究竟投射了什么？这些动物形象反映了当时的什么思维和观念？怀着这些好奇的问题，我以安布鲁瓦兹·帕雷为基点，对同时代同类型的书籍继续探寻，由此我发现了康拉德·格斯纳、乌利塞·阿尔德罗万迪等等博物学研究者，其中的一部分是源自文艺复兴时期的启示录式预兆，这一点和中国古代的观念非常相似，都是将奇异生物的降生或者怪异的天文现象视为上天对人类的警告，灾厄即将降临的征兆，不同的是在当时的欧洲，这往往成为宗教改革中，新教攻讦天主教不公义的宣传由头，并且还成功了，可以想象，这些亲历这个时代的人们时刻都被这些怪物降生传说所包围的盛景。

我还希望这是一本志怪之书，收集了人们在了解未知事物的途中，以想象力凝结而成的误解，并对这些误解进行深入浅出的挖掘，试图找出其背后的故事。

除了诞生在文艺复兴时期的怪物之外，还有一些怪物有着更久远的历史，追踪这些怪物在时间中的足迹，需要将时间上溯，来到中世纪，中世纪并没有它被冠以的名称那样"黑暗"，甚至文艺复兴也可以算作中世纪的一个时期，在中世纪有着各种有趣的事物，比如当时欧洲对东方的奇异想象，这些奇异想象聚集在《约翰·曼德维尔爵士旅行记》等等旅行志和"亚历山大传奇"、"祭司王约翰的信札"等等传奇中，在这些文学作品中，东方生长着各种奇异的植物，有着各种性状怪诞的飞禽走兽，盛产奇珍异宝，也有不老泉等等神奇的事物。不过中世纪时期这些文本都受到了基督教的影响。一些诞生于欧洲本土的怪物传说，也明显可以发现基督教征服当地信仰的痕迹，不过更多的怪物传说还是可以直接追溯到希腊罗马时代。

大普林尼的《自然志》是欧洲众多博物志的鼻祖，不论是书籍的内容还是编撰的形制，都深深影响了后来者，在这本书，他不仅仅收集了众多的神话传说，将这些神话传说中的生物和当时认知的世界地理进行了现实对位，还试图将一些传说进行理性的分析，给出现实可能的原型。虽然这些也是大普林尼从希罗多德等等前人那里承袭而来，不过编撰出像《自然志》这样庞大、全面的百科全书式的著作，大普林尼可能还是首位。

能够想象大普林尼也是一个被强烈的好奇心驱使的人，在公元79年，维苏威火山爆发，大普林尼为了研究火山爆发，对当地人施救，驱船来到当地，因为吸入了火山喷发出的含硫气体死亡。也许有人会觉得这种死亡方式有着一种被命运戏谑的荒谬，俗称的"好奇心害死猫"，不过这种为了探究现实的性状，执意将自己置身于奇观之中，并留下了如此皇皇巨著的人，已经不枉此生了。

和现代观念的不同，希腊-罗马在早期的一段时间里，和中东区域的交流更为紧密，它的神话也受到了来自中东的影响，比如爱神阿芙洛狄忒就诞生于中东，和两河流域神话中的印南娜-伊西斯等等女神有着密切的渊源。而作为现代欧洲文化源头之一，和希腊-罗马并称为双希文明的希伯来-基督教文明也诞生于中东，深受当地神话的影响，与当地神话中有着很多共同的要素，对一些古早存在的怪物进行追溯，可以在中东找到相关的传说。

我还希望这是一本镜像之书，这本书里的内容，不仅仅是关于怪物的，依然体现了人们的观念和认知，通过与我们自己传说、异兆中体现的思维对照，能够发现一些东西方共同存在的观念，大家都在相近的时间阶段里、对性质相似的事物、存在着同样的迷思，由此诞生了各种奇异的想象，而这些想象通过传播，留在了彼此的文献记载中。

比如中东传说中有一种叫做 waq-waq 的树木，它生长在世界以东的尽头，可能是中国或者日本的一个叫做 waq-waq 的岛屿上，一般认为它的树枝上长满了果实，果实是人类的模样，但是不具有灵魂和思想，但在和亚历山大有关的传说中，这棵树能够讲出人类的语言，预言了亚历山大的死期。这种树木很像《西游记》中所说的人参果，在《三才图会》中也有记载，受到中国的影响，日本也有类似的传说，他们称为人面树。而中国关于这种树最早的记载出自南朝梁代任昉的《述异记》，其中讲到"大食王国在西海中，有一方石，石上多树，干赤叶青。枝上总生小儿，长六七寸，见人皆笑，动其手足。头著树枝，使摘一枝，小儿便死。"类似的记载还出现在《通典》、《酉阳杂俎》、《太平广记》等等文献中。

东西方奇异的传说会相互流传、演变，往往是西方称有奇异在东方，而东方称有奇异在西方，这里的想象内容虽然各有不同，不过想象的性质却是共通的，大家都是彼此的异域，都将各种光怪陆离设置在对方身上，互为彼此的对照和镜像。

随着现代交通的发展，人们将自己的足迹遍布到了整个世界，生物学的研究使各种动物的性状都不足为奇，过去旅游者的怪物见闻被人证伪，这些因为好奇心而诞生的怪物也逐步被人遗忘。但它们身上的那种未知的魅力并不会因此消退，所以我编撰了这本书，我之所以坚持以编撰者这个身份自居，是为了尽可能的让过去的作者讲话，通过他们的言语来讲述这些怪物，不是用现代的观念来解释、评判。这也是我所欣羡的约翰·阿什顿在他编撰的《Curious creatures in zoology（奇怪动物百科）》中所想所做的。

目 CONTENTS 录

Myths Of
The Near East

近 . 东 . 神 . 话

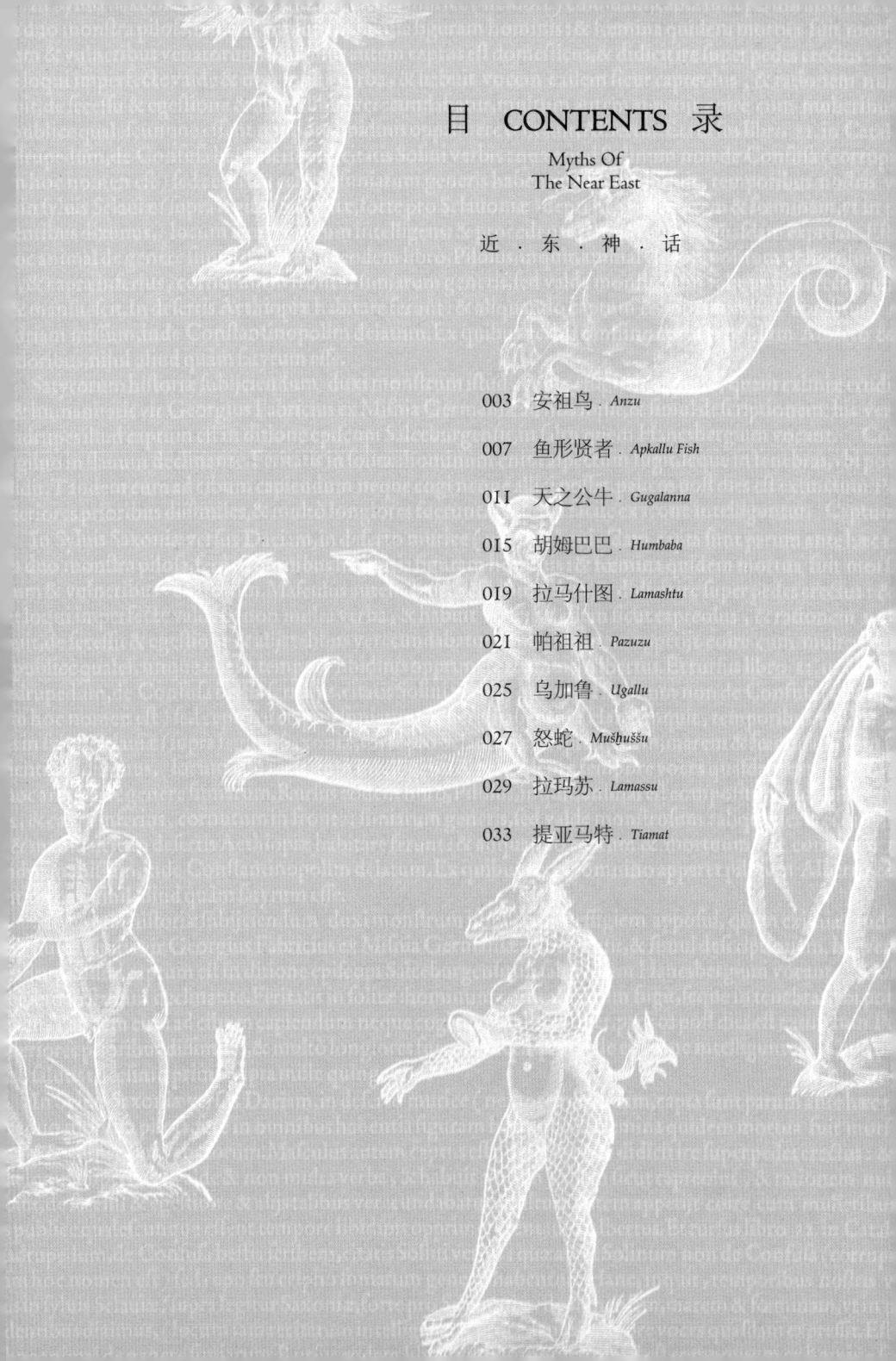

目 CONTENTS 录

Ancient Egyptian
Mythology

埃 · 及 · 神 · 话

目　CONTENTS　录

Ancient Egyptian
Mythology

希 . 腊 . 神 . 话

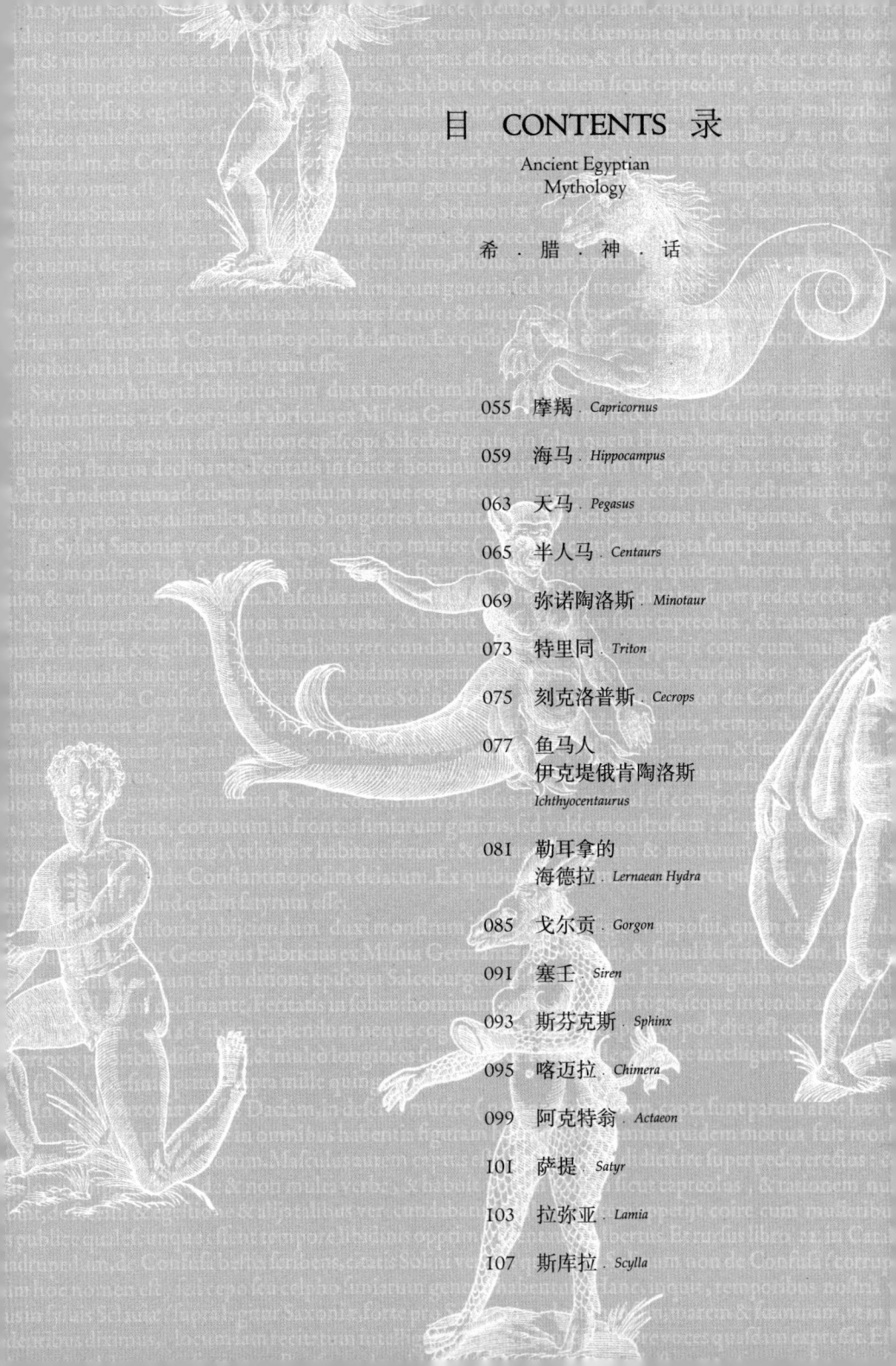

目 CONTENTS 录

The
Religion

宗 . 教 . 传 . 说

目 CONTENTS 录

The Oriental Alien

东.方.各.民.族.传.说

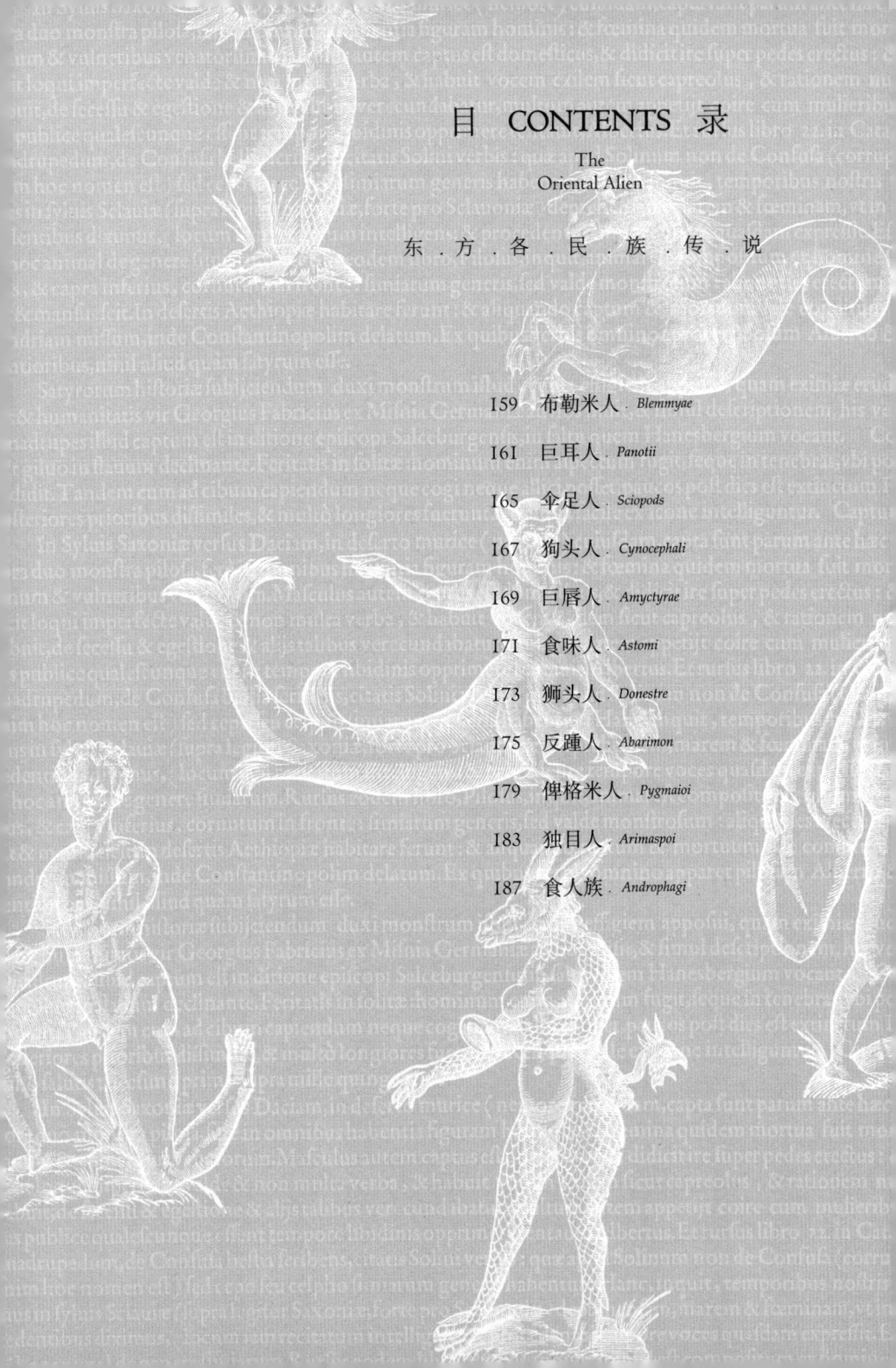

目 CONTENTS 录

The
Religion

欧．洲．博．物．志．怪

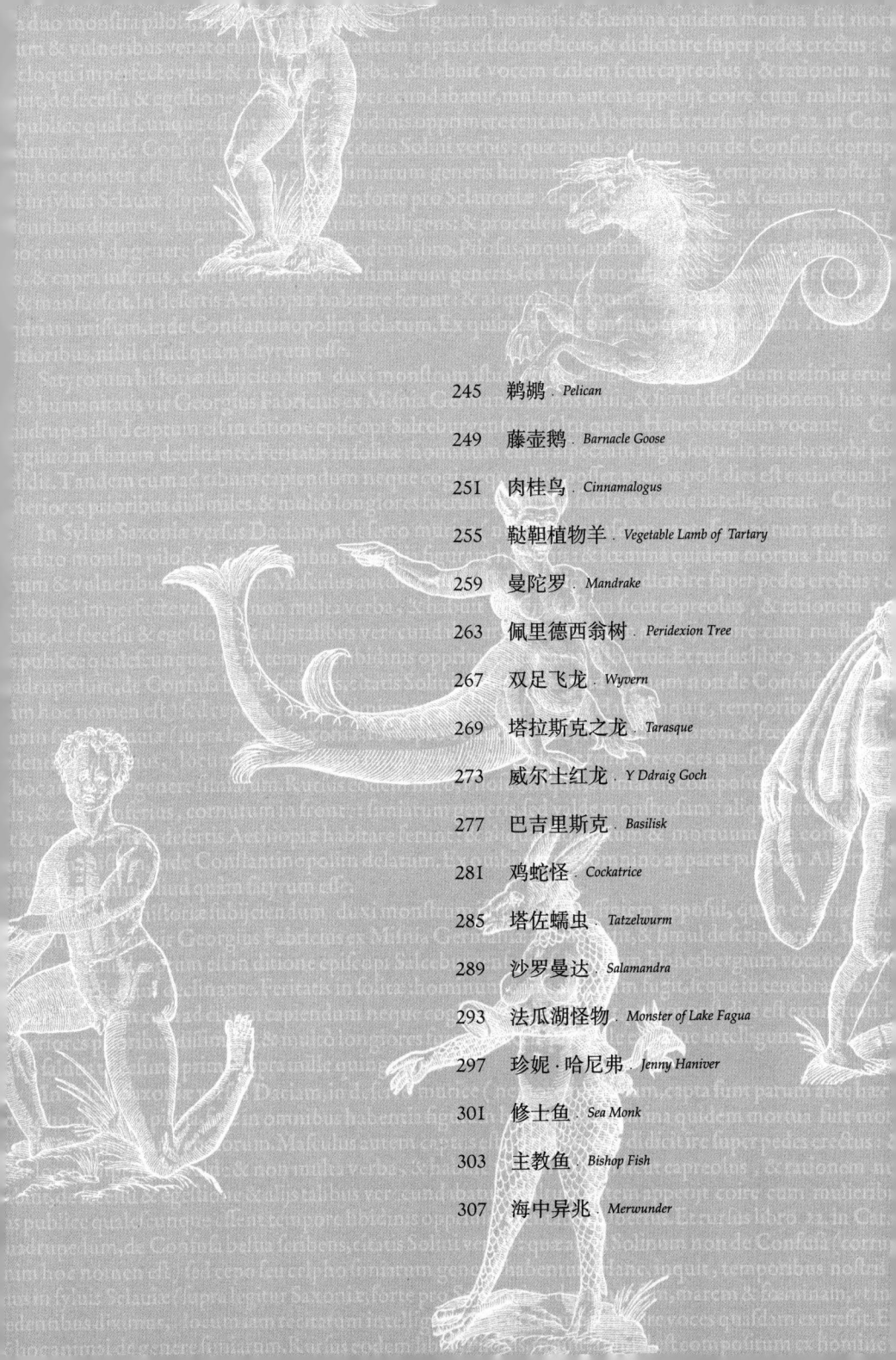

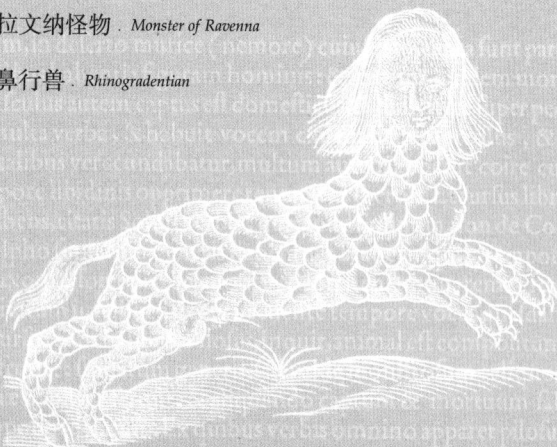

GROTESQUE SUPERNATURAL BEINGS:

The Directory
of Monsters in the Other
Side of The World

近 · 东 · 神 · 话

I—I： 拉格什国王恩铁美那时期（约公元前
2450年），宁吉尔苏的祭司 dudu 的圆孔
铭牌。

Anzu
安祖鸟

安祖鸟是美索不达米亚神话中的一种巨大的怪鸟，是南风和雷云的化身，一般被描述为长有狮子的头、鹰的身体。早期造型中，它往往是正面对称展翼，双脚所持的兽类一般为狮子、雄鹿、山羊，有人认为山羊代表恩基，雄鹿代表宁胡尔萨格，狮子代表宁吉尔苏（尼努尔塔）本身。这是最典型的安祖鸟形象，有人认为这种形象影响了赫梯人，从而诞生了双头鹰的形象，而双头鹰在历史上反复被东罗马帝国、神圣罗马帝国、奥地利王室、俄罗斯沙皇用作标志。另外，在阿卡德的滚筒印章上出现了安祖鸟被恩利尔审判的场景，这时的安祖鸟被表现为上半身为人，下半身为鸟的形象。之后在亚述王国更出现了狮身鹰翼，前足为狮爪，后足为鹰爪的形象。

传说安祖鸟能够吐息水和火，它有一对巨大的翅膀，扇动它们能够形成风暴。关于它的名字 anzu，具体含义并不清楚，有人解释为天之智慧，因为 an 表示天神安恩，zu 意为智慧，过去它的名字被误读为 zu。它还有一个名称叫作 Imdugud，有认为这是阿卡德人对它的称呼，也有认为这是苏美尔人对它的称呼，而 anzu 才是阿卡德语。

安祖鸟最著名的事迹记载在《安祖》史诗中，主要讲它从恩利尔那里偷走了天机表。天机表记载了诸神与人类的命运，谁掌握着天机表，谁就拥有统治世界的至高无上权力。在巴比伦神话中，天机表的所有者本来是提亚马特，之后传给了金固，马杜克战胜金固之后，夺走了天机表，也获得了世界的统治权。传说安祖鸟是趁恩利尔早晨洗脸的时候将天机表抓走，带着它飞到了山中。恩利尔召唤众神，希望其中能够有人出手夺回天机表，众神一片沉默，只有军神尼努尔塔自告奋勇，前往追击安祖鸟。可是天机表拥有让时光倒流的能力，尼努尔塔一箭射向安祖鸟，天机表发挥异能，让箭在半空中散开，箭簇长回到了当初的采集藤丛中，箭羽长回到了当初被猎的鸟身上，弓长回到了当初的树木上，弓弦变回到了羊身上。虽然尼努尔塔初战不利，但是他没有放弃，把安祖的翅膀撕扯了下来，使它掉落在地上。见安祖鸟还没有断气，尼努尔塔撕开了安祖鸟的喉咙，将天机表给恩利尔带了回去。亚述国王亚述纳西拔二世执政期间，将亚述帝国的首都从亚述尔迁到了卡拉赫，因为他将这座城献给了尼努尔塔，所以这座城又叫作尼姆鲁德。在城中的神庙中他命人雕刻了一组浮雕，内容就取材自尼努尔塔与安祖鸟的战斗。当然也有文称是马杜克击败了安祖鸟。

安祖鸟也出现在了《吉尔伽美什》史诗中。传说幼发拉底河畔长有一株胡卢普树，女神伊南娜见到之后，将它移栽到自己的花园中，希望这棵树长大之后能够做成自己的宝座和床。但是这株树虽然长大，伊南娜却拿它没有办法，因为不知道什么时候起，这株树的根部被蛇侵占了，树干上被魔神莉莉图安了家，树顶上则是安祖鸟在筑巢。吉尔伽美什帮助了伊南娜，他杀掉了树根的蛇，受惊的莉莉图迅速逃走，安祖鸟也带着幼崽飞入山中。吉尔伽美什将树做成了宝座和床送给了伊南娜，伊南娜则用树桩做出了一面鼓，用树枝做成一把鼓槌送给了吉尔伽美什。同时，也是它在吉尔伽美什的挚友恩奇都的梦中将恩奇都抓到了冥府。

安祖鸟和吉尔伽美什家族的关系还可以上溯到他的父辈卢伽尔班达。传说卢伽尔班达本来是一名普通的乌鲁克小兵，偶然发现了安祖鸟的巢穴，他将巢穴打理一番，为安祖鸟的幼崽们佩戴上华丽的首饰，安祖鸟捕猎归来一看，非常高兴，于是和卢伽尔班达交上了朋友，并起誓为他提供庇护，赐予他神速。在安祖鸟的帮助下，卢伽尔班达最后成为乌鲁克的国王，并且和宁孙女神结婚，生下了吉尔伽美什。

安祖鸟还出现在了《埃塔纳》史诗中，传说大洪水之后，上天将王权降到了基什王国，埃塔纳之前的国王名称。于史不可考，而资料中记载埃塔纳是牧羊人，他统一了基什王国。虽然获得了王权，但埃塔纳却无法高兴，因为他一直没有后嗣。某日他在一个深坑发现了一只受伤的巨大怪鸟，他医治好了怪鸟的伤，怪鸟为报答他，将他带上了天国，在天国他采得了使人能够生育的草，之后基什王国继承者巴利就诞生了。

在大洪水神话《阿特拉哈西斯》中，安祖鸟用利爪划破天空，使大洪水倾泻而下，毁灭了原初的人类。

安祖鸟的传说虽然隐没在了历史尘埃之中，但由它演变而来的各种形象、传说、典故，依然留存在人类身边。

I-2

Apkallu Fish
鱼形贤者

Apkallu，在苏美尔语中被称为 Abgal，是美索不达米亚神话中的7位贤者。他们成长于水中，被称为"鲤鱼"，维持着天界与地上的秩序。大洪水之前的人类还很无知，没有发展出文明、文化，于是天神派出了7位贤者教导人类，给人类带来了文化和礼教。这种七贤观念可能影响到了后来的古希腊，使他们列举出了希腊版的七贤。

第一位来到人世的贤者叫作 Uanna，或者 Uan。他长有鱼的身体，还有人的头、手臂、脚和声音，他教授人类如何书写、阅读、计算，如何建造城市和神庙，如何制定法律、划定边界、分割土地，如何种植作物和收获果实，向人类讲述众神是如何创造世界的。

在巴比伦神话中也有类似的人物，叫作欧南涅斯（Oannes），被记载在贝罗索斯的《巴比伦尼亚志》中。欧南涅斯出现在巴比伦尼亚附近的厄立特里亚古海中，他的整个身子是鱼，但是长有人的

I—2： 在尼尼微附近的伊什塔尔神庙发现了一
　　　块由坚固的玄武岩雕刻而成的水盆，它
　　　装饰有鱼形贤者的浮雕。

脑袋，能够发出人的声音，尾部处长有人的脚。在白天他给人类传授文字、几何学，教授人类创建城市，修建神庙，制定法令，丈量土地，如何收集种子，如何种植，如何收获。日落以后，他会回到海中。他的到来，结束了人类的蛮荒时代。欧南涅斯往往被认为是 Uanna 的希腊语转写产生的变体。

贤者一共有7位，第7位叫做 Utuabzu，或者 Utuaabba。Utuaabba 的意思被认为是诞生于海，同时 Utuaabba 也是在传授知识、教化人类，这些和 Uanna 很相似。

在阿卡德人的神话中，有一位叫做阿达帕（Adapa）的人物，他是阿卡德版本中的七贤者之一。有人认为他对应苏美尔神话中的 Uanna，也有人认为他对应的是 Utuaabba。阿达帕的故事也经过很长时间的演变，有很多变体，大概的情节是，阿达帕是智慧之神埃阿之子，是埃阿派遣的第一个贤者，给埃利都的人们带来了知识，是埃利都的祭司，掌管仪式，看守埃利都城门的门闩，和厨师一起给埃利都的人准备食物。他在海里为埃利都捕鱼时遇到了南风女神宁利勒（Ninlil），宁利勒在海面造成了风暴，阿达帕要她不准吹向陆地，否则将折断她的翅膀。谁知话音刚落，宁利勒的翅膀就断了，之后大地上7天都没有吹起南风。安努很奇怪，便找来仆从问话，这才得知阿达帕折断了宁利勒的翅膀，于是叫埃阿找来阿达帕审问。埃阿叫阿达帕披头散发，做丧服打扮，以应对在天门遇到的杜穆兹和吉兹达。两位神拦住阿达帕问他如何做此打扮，他说只为了杜穆兹和吉兹达在人间消失而做，二神听了之后，在安努面前为阿达帕说了好话，埃阿还提醒到安努会给阿达帕提供致死的食物和水，告诫他不要食用。谁知安努见他虔诚，加上杜穆兹和吉兹达两位的美言，便将致死的食物和水换成了永生的食物和水。但阿达帕谨记着埃阿的告诫，不敢食用，于是安努嘲笑他果然只是一个下等的人类，将他送回了人间。

阿达帕被视为原初之人，有人认为他的神话和亚当的故事存在关联，影响了亚当故事的诞生。有人认为 Adapa 一词中最后的符号 pa 也可以被读为 mu，即 adamu，这个词传入希伯来语中演变为 adam，亚当。阿达帕作为神之子，享有智慧，但错失了永生的机会，这种智慧和永生不可兼得的观念在亚当被放逐出伊甸园的故事也有体现。

I-3

Gugalanna
天之公牛

Gugalanna 是美索不达米亚神话中的神祇。根据某些记载，他是冥世女主厄里什基迦勒的第一任丈夫，大概是因为所谓的天之公牛，是人们对地震造成的饥荒这种自然灾难的神话化解释。

和天之公牛有关的最著名的神话还是《吉尔伽美什》中的一段故事。当时美索不达米亚人崇拜女神伊什塔尔，城邦的君主都要通过宗教仪式，和伊什塔尔举行圣婚，来获取统治权上的认可。但是到了吉尔伽美什这里，他认为伊什塔尔对爱人杜穆兹的死负有责任，于是拒绝与伊什塔尔举行圣婚。美丽而任性的伊什塔尔自然不愿忍气吞声，于是到主神安努那里去告状，引得安努将天之公牛降下人间作为惩罚。但吉尔伽美什本身膂力过人，加上挚友恩奇都也勇猛过人，在两人合力之下，将天之公牛杀死了，而且还把天之公牛的内脏挖出来，扔到伊什塔尔面前。另一种版本中提到是牛的后腿，并称如果抓住伊什塔尔，也会对她如法炮制。受到如此羞辱的伊什塔尔更加不会善罢甘休了，以杀死天之公牛

I—3： 古巴比伦时期的滚筒印章上描绘的恩奇
　　　 都征服天之公牛，年代大概是公元前
　　　 1970年—公元前1670年。

的罪名向两人问罪，吉尔伽美什的挚友恩奇都因此衰弱而死。

天之公牛也是古代美索不达米亚的星座之一，它在公元前3200年的春分时节出现北半球天空上。春分时太阳升起，星座隐去，被认为是它死亡的故事原型。希腊神话很大程度上受到了美索不达米亚的神话影响，其中，天之公牛流传到希腊，演变为了金牛座。

Ⅰ—4： 公元前2000年，古巴比伦时期的胡姆巴

巴黏土面具。

I-4

Humbaba
胡姆巴巴

胡姆巴巴在苏美尔语中被称为 huwawa，humbaba 是他在亚述语中的称呼，人们提到它，往往会给它的名字加上"令人恐惧的"作为前缀。在神话传说中，他和帕祖祖同为汉比的儿子，是从亘古时代起就已经存在的巨怪，被太阳神乌图养育长大，成为众神居所雪松林的守护者，被恩利尔赐予了使人恐惧的能力。

传说中它是一个巨大人形的怪物，长着狮子的爪子，浑身覆盖着有棘刺的鳞甲，它的脚就像秃鹰的爪子，头上长着野牛的角，尾巴和阳具的顶端都长着蛇头。也有另一种描述，它的脸就像狮子，它用死亡的眼神直视着人，它的吼声就像洪水奔腾，它的嘴巴就是死亡，它的吐息就是烈火，它可以听到森林中百里范围内的任何声响。在很多造像中，胡姆巴巴的面部会被着重强调，上面是一些堆叠的纹路，就像迷宫，或者有些人认为的肠子的形状，同时还吐出舌头。

胡姆巴巴最著名的事迹是在《吉尔伽美什》中，吉尔伽美什和恩奇都不打不相识，之后联手前往众神的雪松林，想要杀掉胡姆巴巴，获取更大的荣耀。两位英雄虽然强大，但是面对胡姆巴巴仍然需要智取。于是吉尔伽美什欺骗胡姆巴巴说要将自己的七位姐妹送给胡姆巴巴作配偶，但是需要胡姆巴巴用恩利尔赐予它的光芒交换，然后吉尔伽美什趁胡姆巴巴松懈之际将它制服。或者像另一些版本中说的，吉尔伽美什和恩奇都两人联手将胡姆巴巴制服，之后吉尔伽美什砍下了胡姆巴巴的头颅，将它装在皮袋子里，送回给了恩利尔。还有人说，吉尔伽美什率领军队，向神献上七种祭品，卸下自己的七种恐惧才制服了胡姆巴巴。之后也有人说，在制服胡姆巴巴的过程中，两人对胡姆巴巴恐惧不已，只有祈求太阳神沙玛什的帮助。沙玛什是巴比伦神话中太阳神的名字，对应的就是苏美尔神话中的乌图，在太阳神的帮助下，他们制服了胡姆巴巴。

我们可以发现这则神话里有一些让人熟悉的元素：胡姆巴巴的死亡凝视，口中吐出的舌头，被半人半神的英雄砍下了头，首级被装在皮袋子里等等，都使人想到希腊神话中帕尔修斯和美杜莎的神话。美杜莎的神话演变自戈尔贡的神话，戈尔贡意为恐惧，这一点又和胡姆巴巴产生了联系。戈尔贡应该是一种怖畏面，被用作镇厌邪祟的形象，口吐舌头在很多人类文化中都有威吓的意义，这一点在胡姆巴巴的造像中也有体现。同时胡姆巴巴的造像也往往只有面部、头颅，这里不妨大胆猜想，戈尔贡的形象很可能与胡姆巴巴存在渊源。

虽然多数文本中将胡姆巴巴描述为一种野蛮愚蠢的怪物，但在新发现的古巴比伦泥版中，胡姆巴巴的形象有了不同的描述。雪松林中猴子的叫声、蝉鸣声和鸟叫声汇集成了交响乐，这种交响乐每日都在雪松林中为它们的王者胡姆巴巴演奏，这里的胡姆巴巴像是一个文明的统治者。所以也有人认为，胡姆巴巴实际是与乌鲁克同时期的邦国，分布在黎巴嫩与叙利亚交界处，因为境内有大量雪松林生长而非常富庶。被吉尔伽美什制服的恩奇都也是邦国，善战，但落后于乌鲁克，为吉尔伽美什所招降。吉尔伽美什觊觎胡姆巴巴的财富，而雪松木正是乌鲁克所急需的资源，得到恩奇都部族的力量之后，就出兵灭亡了胡姆巴巴。

I—5：　新亚述时期抵御拉马什图侵害的铭牌。

Lamashtu
拉马什图

在美索不达米亚人的观念中，灾厄往往是魔神受到天神派遣带给人类的惩罚或者考验，其中对人类的繁殖和生育进行干扰的魔神最让美索不达米亚人感到威胁。不过拉马什图并不一样，她是天空之神安努的女儿，不受诸神的差遣，按照自己的意志给人类带来灾厄，是疾病、瘟疫和死亡的使者。以至于为了避免拉马什图的伤害，人们要向帕祖祖祈求保护。

在神话传说中，拉马什图被描述为周身皮毛，长着母狮或者鸟的头，有驴的牙齿和耳朵，手指长而锋利，通常双手中都抓着双头蛇，脚是一对猛禽的利爪，往往站在或者半跪在驴子背上，双乳一边哺乳一只野猪或者豺狗，有些情况下也会长有翅膀。

她有7个名字，所以也被称为七女巫。在传说中她会杀死孩童，使人流产，伤害孕妇和产妇，在哺乳期间偷走婴儿，啃噬婴儿的骨头，吸干婴儿的血液，给人造成梦魇，使树叶枯萎，使湖水和河水腐败。

为了保护自己，美索不达米亚人出现了巫医，他们称之为 Asipu。在古代美索不达米亚存在两种不同的医生，一种是使用药物治疗疾病的医生，被称为 Asu；另一种就是 Asipu 了，他们使用的是所谓的超自然力量。这两种医生在古代美索不达米亚同样受人尊敬。Asu 医生虽然可以通过药物治疗，但是遇到药物无法起到作用的情况时，就需要请到 Asipu 巫医了，特别是在分娩的时候，Asu 医生的药物只能起到辅助作用。

Asipu 巫医会使用特定的仪式和咒语来驱除邪魔，特别是拉马什图对产妇的侵扰。仪式上会用到拉马什图的造像，Asipu 巫医会在造像前放上一个面包，并给造像浇上水，这个造像必须被黑狗携带着，造像的位置必须在病患头部附近3天，将幼猪的心脏放在造像口中，在这3天里，每天要诵读3次针对拉马什图的咒语，到了第3天傍晚，将造像埋到城墙附近。

同时，古美索不达米亚人认为疾病是神灵对自己所犯罪行的惩罚，他们将疾病形象地称为某某恶魔之手。比如某人难产，是因为拉马什图之手出现在了她的身上，所以无论所得的是何种疾病，都需要进行忏悔，承认罪行，并向神灵起誓永不再犯，再配合医生或者巫医的治疗，才有治愈的可能性。

I-6

Pazuzu
帕祖祖

帕祖祖，也可以叫作 Fazuzu 或者 Pazuza，他是美索不达米亚神话中的魔神，从苏美尔时期就受到当地人的崇拜，并且延续到了亚述时期。他居住在冥府之中，和胡姆巴巴是兄弟。他控制着从死者土地上吹来的西风和西南风，在当地旱季，这些风会带来饥荒，在雨季会带来暴雨和蝗虫的肆虐。也正因为他在神话观念中有着这样强大的力量，人们会向他祈祷献祭，希望他能够将强大的破坏力转移到其他方面，以达到保护人类的目的。这里的其他方面主要是对抗拉马什图，拉马什图会造成产妇和婴儿的死亡，人们希望帕祖祖能够赶走拉马什图，是一种以恶制恶的思维方式。

诞生帕祖祖这样的魔神是诸神计划的一部分。在美索不达米亚神话中，原初人类的寿命都很长，出生的人远远超过了死去的人，使大地变得拥挤，他们的喧闹、纷争一直传到上天，使恩利尔不胜其扰，于是降下大洪水、干旱和瘟疫，将原初的人类灭绝，只

Ⅰ—6： 新亚述时期的帕祖祖青铜塑像。

有乌塔那匹兹姆一个人在智慧之神恩基的帮助下搭船避难，隐居深山活了下来。恩利尔得知后大怒，恩基劝说恩利尔，可以造出生命力更脆弱的人类，他们的寿命很短，会有疾病、流产、性无能、不育症、野生动物的攻击，以及其他各种使人类这个种族数量得到控制的方式。这就是诺亚方舟的故事原型之一。当然，魔神也是众神派遣来的，它们通过各种灾难惩罚罪恶的人，测试、考验正直的人。

对帕祖祖的崇拜和祈祷主要是用帕祖祖的造像和护身符。造像有雪花石膏、青铜等等不同材质的，而护身符一般是红宝石制成，上面有帕祖祖的形象。他长有狗或狮子一样的脸，人的身体，但周身有鳞片，勃起的阳具是一条蛇的前半身，脚是一对巨大的猛禽爪子，背上长有一对或两对翅膀，背后还有一条毒蝎的尾巴。这些造像和护身符的帕祖祖形象能够吸引帕祖祖的注意，将他召唤到希望他出现的房间或者召唤者身边，一般是儿童的房间，靠近门口或者窗户的位置，也有埋在房间地下的。造像和护身符的尺寸不大，因为人们希望帕祖祖能够将力量集中对付侵扰人的邪魔，而不是召唤者自己。

I—7： 新亚述时期的浮雕，乌加鲁作为宫殿守
卫，年代为公元前704年—681年。

I-7

Ugallu
乌加鲁

Ugallu 大意为巨大的风暴野兽，狮头人身鸟足，起源可以追溯到公元前2000年前，最初是人足，鸟足形象出现于公元前1000年前。神话中他是提亚马特创造的十一种怪物之一，在古巴比伦时期，他被视为地府的看门人、涅伽尔的侍从，一般被描述为狮头、狮耳，左手持短刃，右手持权杖，常与卢拉尔（Lulal）成对出现，他们的形象非常相似。他常出现在宫殿、神庙以及私宅卧室等处，作为驱除邪祟的守护，所以人们又常常将它作为护身符、魔法宝石上雕刻的纹样。

I—8： 伊什塔尔之门上的怒蛇形象。

I-8

Mušḫuššu
怒蛇

怒蛇是美索不达米亚神话中的怪物，其中最著名的图像出自巴比伦内城的第八个城门：伊什塔尔门上的浮雕。伊什塔尔门是由新巴比伦王国的国王尼布甲尼撒二世下令修建，并献给女神伊什塔尔的，故名伊什塔尔门。整道城门上以琉璃砖装饰，并饰以怒蛇、狮子、公牛、格里芬等动物浮雕。原来的城门有两层，德国人在考古发掘时，因为外城门体积过大，只将内城门搬运回国，虽然釉彩脱落，但依然可见精美。

城门上是怒蛇的典型形象，全身覆盖着鳞甲，它的头部被表现为蛇头，张开的嘴巴中吐出分叉的蛇信。蛇头的形象源自角蝰，这是一种在阿拉伯半岛常见的毒蛇，它的头顶上是直耸的角，头后部是涡卷状的冠状物，有认为这种冠状物和中国龙的角类似。它的尾巴也和蛇尾类似，并且高高扬起，显示出一种威吓的姿态。它的前腿和猫科动物类似，有认为可能源自猎豹，它的后腿脚掌部分采用了猛禽的爪子。但除此之外，腿的其他部分并不像鸟类，而是更接近四足动物。虽然它全身覆盖着鳞甲，但是在它的颈部和耳朵附近被刻画有涡卷纹，有认为这种涡卷纹代表着毛发。

怒蛇被叫作 mušḫuššu，可能意为红蛇、怒蛇，或者华丽的蛇。早期可能隶属于埃什努纳当地神祇 Tishpak，之后埃什努纳被古巴比伦王国占领，怒蛇也逐渐融入巴比伦的马尔杜克神话系统，被称为马尔杜克和马尔杜克之子纳布的眷属。有认为《圣经·但以理书》中提到的彼勒与大龙，其中的大龙就是指怒蛇。

古希腊星座中的长蛇座，可能源自古代美索不达米亚星座蛇座 MULdMUŠ，这种星座被描述为长着狮子前足和翅膀，没有后腿，头类似于怒蛇。

又因为伊什塔尔城门上除去怒蛇之外，其他动物大多是现实中存在的，所以也有研究者认为怒蛇可能是巴比伦人熟悉的某种现实生物，并且试图在现实中能够找出一个对应的生物。有人认为是禽龙，也有人认为是西瓦兽，还有人认为是某种生活在伊拉克南部沼泽地里的未知生物。

I-9

Lamassu
拉玛苏

Lamassu，也被叫作 Aladlammu，是亚述人神话观念中的守护神，早期可能出现在普通人家庭中，一般是刻在黏土版上，然后埋在进门口的门槛下。之后被纳入宫廷造像，称为王室的守护者，它的雕像被成对安置在宫殿的入口处，也被成对设置在城邦的城门口，都雕塑得非常巨大。

这些雕像一般有着人的头，头上佩戴着带角的头盔，有牛或者狮子的身体，以及一对巨大的鸟翼，在早期版本中，它们被雕刻了五条腿。有人认为拉玛苏的人首代表着智慧，公牛或者狮子的身体代表着力量，鸟翼代表着迅捷，带角的头盔代表着神性。从正面看这些雕像，它们是站立镇守状，从侧面看这些雕像，它们是踱步巡走状。雄性的拉玛苏或者拉玛苏对应的雄性形象，被称为舍杜（shedu），有人提出雌性的拉玛苏也有专门的称呼，被叫作 apsasû。

Ⅰ—9： 新亚述时期杜尔舍鲁金的拉玛苏造像，
年代大概是公元前721到公元前705年。

近东、中东地区常见这种长有翅膀的人兽混合体，首个拉玛苏的形象出现在新亚述帝国的提格拉特帕拉沙尔二世统治时期，被作为权力的象征。拉玛苏的形象可能源自古代美索不达米亚天体、黄道带或者星座，是它们的缩影。亚述人将它们视为保护神，可能因为在神话观念中，它们是某种包含了所有生命的存在。

Lamassu 一词也在《吉尔伽美什史诗》中出现过，被描述为自然之灵，在整个美索不达米亚历史中有着不同的演变。到了新亚述王国时期，将这种有翼人首牛的形象称为拉玛苏。也有人认为它源自苏美尔神话中的拉玛女神 lama，这一时期，她是人的形象，穿着长长的分层长袍。从阿卡德人起就将拉玛女神称为拉玛苏，之后，它的形象演变为有翼的公牛或狮子，长着女人的面部或头部，保护寺庙和宫殿免受混乱和邪恶力量带来的侵扰，Lamassu 一词的意思就是守护神。

古犹太人受到了亚述人的影响，在《以西结书》中出现了一种由人类、狮子、鹰和公牛组成的异象，被称为四活物，或者基路伯，基路伯后来又被称为智天使。

四活物又被认为是对四福音书的预表，而人类、狮子、鹰、公牛和《马太福音》《马可福音》《路加福音》《约翰福音》的对应关系各有不同。其中有狮子对应《马可福音》的说法，威尼斯将圣马可的遗骨迁移到城市中，所以城市中处处可见有翼的圣马可之狮。

I—10： 公元前8世纪新亚述时期的滚筒印章，可
能描绘了《埃努玛·埃利什》中的提亚
马特之死。

I-10

Tiamat
提亚马特

巴比伦的创世史诗叫作《埃努玛·埃利什》，这个名称出自史诗的一句话："Enûma Elish"，在饶宗颐选译的《近东开辟史诗》中将其翻译为"天之高兮"。史诗中提到了世界伊始是一片溟濛、混沌，咸海的神格化提亚马特和淡海的神格化阿卜苏是充满了世界的原始之水，将他们的水混合在一起创造了神祇。这时提亚马特还是和平的创世神，被视为使一切具形的创造生命的源流。

随着新神的诞生，提亚马特、阿卜苏和新神之间出现了矛盾。阿卜苏认为新神正在计划杀掉并取代他，新神恩阿认为阿卜苏计划消灭他们，于是将他俘虏，并且囚禁了起来，形成深渊。而金固并没有站在恩阿的一边，将恩阿的作为告知了提亚马特，提亚马特将天机表赐予了金固，并与他结合。在开战之前，她又生下了11种怪物，交由金固号令。虽然恩阿不敌，但是太阳神乌图的儿子马杜克最终战胜了她，他用邪恶之风使她丧失了能力，又用弓箭将她射杀。他用权杖将提亚马特的头颅击碎，切开了她的血管，将她的身体一分为二，挖出肋骨作为天之穹顶，她的尾巴变成了银河，她哭泣的双眼化为幼发拉底河和底格里斯河的源头。金固也被马杜克枭首，用他的血液和提亚马特身体形成的大地上的红土混合，创造出了人类，作为众神的仆从。

很多时候，提亚马特往往被作为龙形，或者具有龙尾的形象，但在《埃努玛·埃利什》中并不能完全确定她的形象，其中提到了她有尾巴、大腿，可以一起摇动的身体下部，腹部、乳房、肋骨、脖子、脑袋、眼睛、鼻孔、嘴巴和嘴唇，内脏器官有心脏、动脉和血液。

马杜克杀死提亚马特的事迹在不同文化、文明中有很多类似的神话，比如尼努尔塔击败安祖鸟，巴力击败海神雅姆，耶和华制服利维坦，阿波罗射杀皮同，赫拉克勒斯杀死拉冬、海德拉、圣乔治屠龙，乃至中世纪种种屠龙神话等等。有认为这种神话是人类社会母系制向父系制过渡的反映，提亚马特和龙之类其他古代怪物形象源自古老的大母神崇拜神祇，这种崇拜是女性主导的，这些神祇是崇高并且和平的。而神话中将他们暴力化、污名化，被男性主神英雄征服、屠杀，是男性主导的神祇信仰推翻女性主导的母神信仰的表现。

GROTESQUE
SUPERNATURAL BEINGS:

The Directory
of Monsters in the Other
Side of The World

埃 · 及 · 神 · 话

2—1： 丹达拉神殿的贝斯浮雕像。

2-I

Bes
贝斯

贝斯，埃及神祇，相貌丑陋、身材低矮，是音乐、舞蹈、幽默、性生活的守护神，在妇女之中很有人气。也是房屋、妇女儿童和生产的保护神，常被用作珠宝、镜子、厕所的装饰，起源自努比亚。

长有两对羽翼，头戴 Atef 皇冠的贝斯，也被称为 Bes Pantheos，除去青铜雕像、浮雕之外，一般被雕刻在魔法宝石上，作为 Talismans（护身符）。上面有公羊角、圣蛇乌拉埃乌斯、太阳盘，长有两对平行的翅膀，还有两条尾巴，一条是鸟尾羽，一条是鳄鱼尾巴，脚的形状是胡狼头的模样。宝石背面常常刻有希腊语的咒语，比如 ιαω ευλα μωιευηηυ αεεητη ιιωοο ουυυυυυωωωωω ωωω ;或者 νυνναεικω κικοκι 等等。

2—2： 托勒密时期埃及的阿努比斯塑像，年代
　　　大概是公元前332年到公元前30年。

Anubis
阿努比斯

Anubis 是希腊人对他的称呼，有人认为根据圣书体的标记，他的名字在古埃及语中可能发音为 [a.'na.pʰa]。阿努比斯往往表现为一只犬科动物，或者长有犬科动物头的人形。考古学家曾经认为这种犬科动物是亚洲胡狼，现在认为是非洲金豺。

在早王朝时期，阿努比斯往往被表现为完全的动物形态，在古王国时期成为最重要的死神。中王国时期被奥西里斯取代，罗马统治时期出现了他作为使者握住亡者手指来到奥西里斯处的场景。和他的神格演变类似，阿努比斯的血缘关系也几经变化。早期神话中他被认为是拉的儿子，之后又被认为是牝牛女神赫萨或者芭斯泰特之子，也有人认为他是拉和奈芙蒂斯所生，还有人认为他是奈芙蒂斯和奥西里斯所生，被伊西斯收养。阿努比斯常常被表现为黑色，有人认为黑色象征着生育力、重生，是尸体木乃伊化之后的颜色，也是尼罗河肥沃淤泥的颜色。

2—3： 公元前1300年死者之书，其中有阿米特
的形象。

Ammit
阿米特

Ammit，也被称为 Ammut，可能意为吞噬者或食骨者，鳄鱼或狗的头，狮子或豹的上半身、河马下半身的合成兽。人的心脏经过杜阿特里的天平审判后，若比玛亚特雕像或象征她的鸵鸟羽毛重，就会被阿米特吞噬，被吞噬者永远不能进入雅卢。不同版本中称阿米特会吞掉整个人，还有心脏会被扔进火湖，阿米特只是火湖的看守等说法。

2—4： 公元前4世纪埃及彩陶釉的塔沃里特女
神像。

2-4

Tawaret
塔沃里特

塔沃里特女神，Taweret 一词的意思是"伟大的"。她的形象是河马头、鳄鱼背和尾、狮子后腿且腹中怀孕的形象，司职生育、回春，是孕妇和新生儿的保护神，手持类似 Ω 形状的护身符环结。埃及人对雌河马的崇拜在前王朝时期就已经存在，一直持续到罗马统治时代，也被努比亚、黎凡特地区和米诺斯文化所吸收。

2—5： 拉美西斯一世到拉美西斯二世统治时期
的阿佩普壁画形象。

Apep
阿佩普

阿佩普（Apep），也叫阿波菲斯（Apophis）。混沌之主，太阳神拉的宿敌，每天都试图吞下太阳。有些版本认为阿佩普每天都在日落之山等待拉，阿佩普可以用目光压倒拉等一干神，地震就是他在移动，雷暴是他和赛特在战斗。为了保护拉，和拉信仰融合的芭丝特，会变为猫，捕杀阿佩普。

2—6: 公元前2世纪的贝努鸟模印。

2-6

Bennu
贝努鸟

早期埃及人将黄鹡鸰作为阿图姆的象征符号，这被认为是贝努鸟的前形态。新王国时期的贝努鸟往往被表现为长着长喙、戴着双羽冠的苍鹭，它会栖息在奔奔石或者柳树上。奔奔石与太阳神拉有关，柳树与奥西里斯有关，所以贝努鸟有时也会佩戴阿特夫王冠。有人认为作为贝努鸟原型的这种苍鹭曾经广泛分布在阿拉伯半岛上，但现在已经灭绝。

贝努鸟可能在赫利奥波利斯受到崇拜，也可能菲尼克斯的神话也源自贝努鸟。希罗多德说赫利奥波利斯人曾经向他提到过菲尼克斯，它长得就像有红色和金色羽毛的老鹰，看到之后会使人想到太阳，会活500年，然后死去。它的后代会将没药团成球，将里面挖空，将老鸟的尸体放进去，用没药将开口封上，然后将它从阿拉伯带回赫利奥波利斯，存放到太阳神庙里。

2—7： 托勒密时期的巴雕像，年代为公元前332
　　　年到公元前30年或者更晚。

Ba
巴

巴一般为人首鸟形象，也有人首猎鹰形象，早期指灵性之力，继而泛指各种巨怪化身。神祇也拥有巴，比如在孟菲斯神系中卜塔—奥西里斯是拉的巴，在赫利奥波利斯神系中贝努鸟是拉的巴。也是每个人体内的身魂 Bau（Ba 的复数），人在经过正确仪式制成木乃伊后，巴会在白昼追随太阳，夜里必须回到处于地下的肉身中。

2—8： 纳尔美王的调色板上的蛇豹兽形象。

2-8

Serpopard
蛇豹兽

埃及、美索不达米亚神话中长着蛇一样长脖子的豹，或者是有着豹的身体，长蛇、龙的脖子和头颅，有人称之为蛇豹兽。在埃及它是混沌的象征，在美索不达米亚它是让地下涌现出生命的神祇。

GROTESQUE SUPERNATURAL BEINGS:

The Directory of Monsters in the Other Side of The World

希 · 腊 · 神 · 话

3—1： 波兰天文学家约翰·赫维留斯的著作《赫
　　　 维留斯星图》中的摩羯座。

Capricornus
摩羯

摩羯在拉丁语中被称为 Capricornus，意为长角的山羊、山羊角或者长着类似山羊角的生物。最常出现的是黄道十二星座中的摩羯座形象，是一种上半身为羊，下半身为鱼的怪兽。相比起来，它几乎可以算作黄道十二星座中最为奇怪的形象了，找遍各种不同文化，也没有其他地区将羊和鱼结合起来。

有人认为它的这种形象源自苏美尔文明，是智慧之神恩基（enki）的象征符号。en 在苏美尔语中可能是一种大祭司的头衔，后来引申为国王，ki 的意思可能是指大地，恩基的字面意思就是大地之王。恩基传授人们生存的技艺，建立文明的规则，从水底升起了人类的第一座城邦埃利都，在恩利尔发动大洪水毁灭原初人类时，救下了乌塔那匹兹姆，是人们崇拜的善神。他的象征物包括山羊和鱼，长久下来，人们将山羊和鱼的形象结合，构成了一种叫作 MULSUUR.MAŠ 的形象，直译过来就是山羊鱼。它在青铜时代的美索不达米亚天文系统中标志着冬至。

美索不达米亚的天文系统，影响了希腊天文系统。山羊鱼也流传到了希腊，被希腊人利用传说本土化。关于山羊鱼的传说中，有两则说法流传最广泛。一种说它是哺育宙斯羊奶的山羊，叫作阿马尔塞，克罗诺斯担心自己被自己的后代取代，于是将子女全部吞噬，他的妻子瑞亚用石头和宙斯调包，将他藏到克里特岛上的山洞中，让山羊阿马尔塞用自己的羊奶哺育宙斯成长。宙斯在玩闹中将山羊阿马尔塞的一只角折断，这只角化成神话中的丰饶之角，它的拉丁语名称山羊角——Capricornus 也来自于此。有些版本的神话中提到，失去一只角的阿马尔塞成为传说中的独角兽。

另一种说法更加广为人知：巨人提丰闯入了众神的盛宴，大肆破坏，众神猝不及防，纷纷变化成为动物逃走，其中山林之神潘躲进水中，给自己变了一条鱼尾巴逃走。因为潘神本来是半人半羊，加上鱼尾之后，就形成这种半羊半鱼的形象。

由此欧洲的摩羯座形象就开始在山羊和山羊鱼之间来回，甚至出现山羊的下半身是一只羊角、螺壳、云朵等等更奇怪的变体。同样受到影响的还有中东地区，除去一般的山羊模样之外，还有山羊鱼的形态，不过这些形态上往往会被加上鸟爪、鸟翼等等新的配件。传入印度之后，山羊鱼的形象又被印度本土化，将其等同于摩伽罗，也就是摩羯。摩伽罗在印度神话中往往是水神或者河神的坐骑，形象并不固定，它的原型可能是鲸、可能是鳄鱼、也可能是印河豚，所以往往会融入这些动物的特征，再加上象鼻、孔雀尾羽等等部件。不过印度并非没有半羊半鱼的摩羯形象，在莫卧儿王朝时期，就出现了上半身为印度黑羚，下半身为艺术夸张的鳄鱼的绘画。

摩羯形象传入中国之后形成了鱼化龙、鲤鱼跃龙门、螭吻等形象和传说，传入藏地被称为 chu-srin，是一种长有象鼻的龙，常常出现在建筑飞檐和羌姆戏面具中。传入日本，演变出了虎头鱼身的怪物鯱的传说。

3—2：出版商尼古拉斯·德·布鲁因出版的版
　　　画，《水生动物，包括海马》（Fantastische
　　waterdieren, onder andere zeepaard, Nicolaes de Bruyn）

3-2

Hippocampus
海马

Hippocampus，又叫作 hippocamp 或者 hippokampoi，是希腊语中 hippo 加上 campus。hippo 是 hippos 一词的变形，指的是马，campus 指的是海怪、海生物，衔接在一起，组成一个词，就翻译为海马。

海马的形象一般是上半身为马，下半身为鱼，即便在有些形象中前胸和前蹄有了鱼的形变，但头和脖子也保持着马的形态。它的鱼尾往往很长，而且可以像蛇那样蜷曲，但长有海鱼一般的斑纹、斑点和鱼鳍。这种形象早期出现在小亚细亚、希腊、伊特鲁里亚、罗马的装饰图画和器物中。

海马形象的起源可能和小亚细亚地区的文明关系密切，这种形象最早也出现在小亚细亚地区。在公元前4世纪腓尼基人推罗王国的钱币上，可以发现美耳刻（Melqart）骑着海马的形象。美耳刻是推罗王国的守护神，美耳刻这个名字在腓尼基语中可能意为城邦之王，他被视为王室的先祖，对应苏美尔神话中的涅伽尔，之后又和希腊神话中的赫拉克勒斯混同，迦太基将领汉尼拔就信仰美耳刻。

在希腊和罗马神话中海马是波塞冬或者其他海洋神祇的坐骑或者驾驭海马车。古希腊文学家阿波罗尼奥斯的《阿尔戈英雄纪》中就提到了海洋神祇驾驭海马车的场景，伊阿宋一行人来到利比亚的咸水湖妥里通湖，这座湖属于水仙女宁芙，伊阿宋一行人看到海后安菲特律特驾着海马车从湖中跃出。

古罗马时代的文学家斯塔提乌斯在他所著《底比斯战纪》中详细描述了海马，尼普顿让它的海马驱使着爱琴海的浪潮四处泛滥，它们的马蹄拍打着海岸的沙子，在水下是它们的鱼尾。这里的描写更像是对海啸一类自然灾害的拟物化，这一点并不意外，因为波塞冬身兼海神和马神，西方常常将海浪比喻奔腾的马群。斯塔提乌斯在他未完成的史诗《阿喀琉斯纪》中描述了尼普顿驾驭海马车的场景，海神高高耸立在平静的海面上，用他的三叉戟驱使着海马，它们的前腿在激起的水花和泡沫中飞驰，而后尾将这些动荡的痕迹抹去。

海马的形象在中世纪得到了延续，并在文艺复兴时期被广泛应用到了纹章上，作为水的象征，用于祈求出航平安。同时有趣的是，应用到纹章上的神话海马被称为 seahorse，而现实生物形象的海马在纹章学中反而被称为 Hippocampus。

瑞典神学家奥劳斯·马格努斯在他献给威尼斯君主和主教的海图中也描绘了海马的形象。他描述道，海马出没于不列颠岛和挪威之间的海域，常常被人们看作长着有类似马的头，也能够像马那样嘶鸣，有牛一样的腿和脚，体型能够长到像牛一样大，有鱼一样的分叉状尾巴，能够在陆地和海中觅食，一般食用青草、海草。

3—3： 希腊拉科尼亚发现的基里克斯杯内部的圆
　　　 形画，为柏勒洛丰、天马与奇美拉，年代
　　　 大概为公元前570年—公元前565年。

Pegasus
天马

在众多不同版本的神话中，都提到了天马是从美杜莎的脖子中诞生的。有些神话称，美杜莎在雅典娜神殿被波塞冬轻薄之后，怀上了孩子。有人说她是脖子受孕，所以被帕尔修斯斩首之后，脖子中诞生出了天马和巨人克律萨俄耳，也有说他们俩是从美杜莎的血泊中诞生的。还有说法称他们是由美杜莎的血液和大海泡沫混合而产生的。

如果不了解波塞冬这个神祇来由的话，往往会对波塞冬和美杜莎的组合生出天马这一神话感到疑惑。波塞冬的神职，除去最著名的海神之外，还有地震之神和马神。希腊神话中往往将地震、火山之类的自然灾害归咎为巨人，所以波塞冬的后代中有很多巨人形象。同时波塞冬还是马神，是他将第一匹马带给了人类，所以天马是他的后代。而 Pegasus 这个名称也揭示了天马的海洋血统，古希腊诗人赫西奥德认为 Pegasus 的词源是 pēgē，意思是泉或者井，称俄刻阿诺斯海的泉眼是它诞生的地方。也有人认为 Pegasus

一词源自安纳托利亚，是卢维人的神祇 Pihassassi，意思是闪电。天马飞升到奥林匹斯，为宙斯背负闪电与雷声，成为宙斯的雷霆之马。也有人将它视为厄洛斯之马，让它在群星之间驰骋，并称之为天马。

柏勒洛丰是古希腊神话中的英雄，与其他希腊神话中的英雄不同，他没有奥林匹斯神的直系血统。他的祖父是睿智但被众神责罚的西西弗斯，所以当他骑着天马，想要去奥林匹斯与众神集会时，被宙斯派出的牛虻阻挠，后来这只牛虻被宙斯升上星空，成为苍蝇座。但一开始，柏勒洛丰还是得到了诸神的眷顾，为了协助他对抗喀迈拉，雅典娜指点他向波塞冬祭祀，还送给他了一个金辔头，帮助他驯服了天马。最后在天马的协助上，柏勒洛丰杀死了喀迈拉。

天马往往被描述为周身白色，赫西奥德坚持认为它没有翅膀，不过品达、欧里庇德斯等人却明确地提到了它的翅膀。

也许是受到诞生于俄刻阿诺斯海的泉眼传说影响，天马还有很多用马蹄踏出泉水的传说。比如它刚诞生时，在赫利孔山上一脚踏出了希波克里尼之泉，在特罗曾城、佩瑞涅泉也有类似的传说。希波克里尼之泉是诗人的灵感源泉，也被称为缪斯之泉，传说柏勒洛丰就是趁天马在泉边喝水时抓住了它，所以到了后世，它也被称为缪斯之马。

Centaurs
半人马

不论是在品达、伪阿波罗多鲁斯或者是狄奥多罗斯的讲述中，半人马诞生的神话传说都大同小异。一般说来是伊克西翁爱上了赫拉并试图强奸她，赫拉告知宙斯之后，宙斯用云塑造成赫拉的样子，这片云叫作涅斐勒。伊克西翁和涅斐勒交合之后，涅斐勒诞下了半人马，而伊克西翁被宙斯惩罚，捆绑在轮子上。另一种说法称，涅斐勒诞下儿子之后，他的儿子又和马格尼西亚的母马交合，这才诞生了半人马这种族群。也有一种说法称半人马是伊克西翁和他的母马的后代。又或者是，宙斯变成了一匹马，引诱伊克西翁的妻子，并诞下了半人马。

又有传说称塞浦路斯也存在半人马，这里的半人马是阿芙洛狄忒躲过宙斯的追求，宙斯将自己的种子洒在塞浦路斯，从地中生出了半人马。这里的半人马头上长有角。

传说中的半人马主要分布在萨塞利地区的马格尼西亚和皮立翁

3—4：半人马与拉庇泰人的浮雕，原位于雅典帕
特农神庙南侧，后被带到英国，年代大概
为公元前447年—438年。

山，厄利斯的橡树森林，拉哥尼亚南部的马里阿半岛。

在古希腊艺术主题中，拉庇泰人与半人马的战斗非常受欢迎。半人马在希腊人观念中是野蛮的种族，他们特别嗜酒，拉庇泰人的国王庇里托俄斯是伊克西翁的儿子，和半人马是亲属，他与希波达弥亚结婚，将半人马也邀请来参加婚宴，半人马狂饮葡萄酒，酒后乱性，想要将新娘抢走，其他的半人马也每个抢一个女性。在忒修斯的帮助下，拉庇泰人击败了半人马。有人认为这则传说源自当地的抢婚习俗。

古希腊一般存在三种不同的半人马形象，一种是以人的上半身取代马的头颅和脖子，第二种是人的上半身接在马的下半身，第三种从前肢的部位就表现为马蹄。之后还出现过有翼的人马形象。

大普林尼在《自然志》中试图对半人马传说进行合理化的解释，其中说塞萨利人发明了马背上作战，他们被称为 Centauri，居住在皮立翁山上。

后世的人进一步阐释，骑在马背上的狩猎是塞萨利人的一种民族习俗，早期塞萨利人会在马背上度过大半生。这些习俗给周边生活的族群造成了一种人马合一的印象，这种印象以讹传讹，诞生了半人马的传说。

卢克莱修也在《物性论》中提到，马成长到3岁，已经是一匹成马了，而人类的3岁却还只比婴儿大一点，从生物的发育周期上考虑，人马这种动物不可能存在。

现代学者试图从古印欧人的角度来考证半人马的传说，猜测它可能起源于前希腊时代，是古印欧人对以马为象征的大地崇拜，生成的文化记忆留存。半人马 Centaurs 一词起源不详，有人将 ken-taurs 解释为杀公牛者，认为是来自涅斐勒村庄的弓箭手，杀死了祸害伊克西翁王国的公牛，于是得名 ken-taurs。

Minotaur
弥诺陶洛斯

Minotaur 一词为合成词，前半部分的 Minos 是指克里特国王米诺斯，后半部分的 taur 是 taurus 的简化，意思是公牛，合在一起的意思就是米诺斯的公牛。

传说中弥诺陶洛斯出自克里特岛，米诺斯国王将自己兄长、克里特岛的前国王拉达曼迪斯赶下了王位，为了使自己的王权稳固，他向海王波塞冬祈祷。波塞冬赐给他一头白色健壮的公牛，然后让米诺斯献祭给自己。但是米诺斯王却将公牛私藏了起来，用另一头公牛代替献祭，这种伎俩当然逃不过波塞冬的眼睛，于是米诺斯王的妻子帕西菲被波塞冬诅咒，爱上公牛。她让能工巧匠代达罗斯制作一个中空木牛，自己躲在里面，让公牛与自己交合，最后产生了半人半牛的弥诺陶洛斯。帕西菲将它抚养长大，但它始终是一个怪物，性情凶暴，以人为食。为了处置弥诺陶洛斯，米诺斯王在德尔菲祈求神谕，最终他让代达罗斯造了一座迷宫，将弥诺陶洛斯关在迷宫中。后来米诺斯王为报杀子之仇进攻雅

3—5： 大约公元前515年的基里克斯杯内部的圆
　　　 形画。

典，雅典人也向德尔菲祈求神谕，神谕告诉他们每年要向克里特献上七对童男童女，这七对童男童女就要被米诺斯王送进迷宫作为弥诺陶洛斯的食物。于是忒修斯登场，自告奋勇充当祭品，在此之前，他自己向爱神阿芙洛狄忒献祭。来到克里特岛的他被米诺斯王的女儿阿里阿德涅看上，交给他线团和利剑，让他将线团绑在迷宫的入口，利剑则用来杀死了弥诺陶洛斯。

神话之中总是隐含了历史的蛛丝马迹，克里特岛文化确实存在着公牛崇拜。不仅在器具、雕像、壁画上表现出来，同时还曾经盛行斗牛，公牛往往被作为丰穰的象征，这种对公牛的崇拜也可能是受到近东文明的影响。

3—6：古希腊提水罐上的黑绘，描绘的是特里
同与赫拉克勒斯的战斗，年代大约在公
元前560年—公元前550年之间。

Triton
特里同

特里同是希腊神话中海皇波塞冬和海后安菲特律特的儿子，他的形象往往为半人半鱼，同时，他和常见的人鱼也不一样，人们在他的形象上赋予了很多鱼鳍作为细节，而常见的人鱼形象中，在鱼鳍上往往只表现尾鳍，非常简单化。

特里同的神话配件有两种，一种源自他的父亲，由鱼叉演变而来，象征大海威权的三叉戟；另一种是螺号，这只螺号的声音非常刺耳并且巨大，就像潜伏在深渊中的巨兽发出的咆哮，能够吹飞巨人，唤起或者平复海浪，带来潮汐。

特里同的外表奇特，由此衍生出了一个叫作特里同斯的种族。帕萨尼亚斯在自己的著作中记载，特里同斯的头上长着沼泽蛙一样的毛发，不仅仅是颜色相似，这些毛发是连成一体、不能分开的，他们身体上其他部位的皮肤就像鲨鱼皮一样非常粗糙，他们的腮长在耳朵以下的位置，但同时他们也长有鼻子。他们的嘴巴比人

< 072

更宽，里面长满了野兽般的尖牙利齿。他们的眼睛看起来都是蓝色的。他们的手、手指、指甲看起来就像是骨螺，肚腹以上长着海豚一样的尾巴。

Cecrops
刻克洛普斯

刻克洛普斯是传说中的雅典国王，根据斯特拉波的说法，Cecrops
一词可能不是出自希腊语，或者意为 cerc-ops（尾巴—脸部）。传
说中他自大地而生，上半身是人形，下半身是蛇尾或者鱼尾，他
是雅典的建城者和第一任国王，向雅典人传授关于婚姻、葬礼的
仪式知识，教育雅典人阅读和书写。这里使人联想到了美索不达
米亚的七贤者神话，也是人身鱼尾的贤者传授人类知识，成为人
类的国王，也是人身鱼尾的神恩基建立人类的城邦埃利都。

传说中刻克洛普斯是首个崇拜宙斯的人，他也是首个建造祭坛和
神像的人，他要求人们以牛角形的面包作为祭品，奉献给神灵，
并禁止以其他任何物件向神灵献祭。他将人们分为四个部族，分
别是 Cecropis、Autochthon、Actea 和 Paralia。在为雅典选择守护神时，
有雅典娜和波塞冬两位神祇竞争，竞赛内容大概是赛跑，雅典娜
和波塞冬向雅典城跑去，最终刻克洛普斯判定雅典娜获得了胜
利，成为雅典的守护神。

3—7： 雅典发现的雅典娜、刻克洛普斯与盖亚的
陶板，年代大约为公元前500年—450年。

Ichthyocentaurus
鱼马人伊克堤俄肯陶洛斯

鱼马人伊克堤俄肯陶洛斯是希腊神话中一种兼具人鱼和半人马特征的传说生物，在艺术品中，一般表现为上半身为人，具有马的前蹄，鱼的尾巴，头上的角往往被表现为龙虾或者螃蟹的螯爪。他的名字 Ichthyocentaurus 是一个合成词，由 ichthyo 和 centaur 构成。ichthyo 源自希腊语中的 ιχθύς，意思为鱼，centaur 自然是半人马。

有认为鱼马人伊克堤俄肯陶洛斯的原型可能源自腓尼基神话，在腓尼基神话中，阿施塔特诞生后，由形象类似于大衮的圣鱼带上岸。阿施塔特司职土地丰饶和人口生育，她对应美索不达米亚神话中的金星女神伊什塔尔，与希腊神话中的阿芙洛狄忒同源。

希腊人为什么要将人鱼和半人马的形象进行混合还需要进一步考证，在神话传说中最著名的鱼马人伊克堤俄肯陶洛斯是一对兄弟，叫作 Aphros 和 Bythos。Aphros 意为海的泡沫，Bythos 意为海的深度，人们传说中他们的父亲是克洛诺斯，母亲是海芙宁菲吕拉，

< 076

3—8：乔尔乔·瓦萨里绘制的 The first fruits
from earth offered to Saturn，年代为1555
年—1557年。

和著名的智者半人马喀戎是兄弟。在科马根的宙格玛，人们发现这两兄弟出现在阿芙洛狄忒诞生的场景中，他们从海中托起了阿芙洛狄忒的贝壳，还有人认为两兄弟中的 Aphros 是阿芙洛狄忒的养父。

两兄弟的形象常常成对出现，还与狄俄尼索斯产生过联系。在荷马的记录中，色雷斯正值国王吕库尔戈斯当政，这时狄俄尼索斯年龄尚小，被林中仙女抚养，不料某日，吕库尔戈斯在山中打猎时遇到了他们，并且对他们发起了袭击。狄俄尼索斯为了逃命，跳入了海中，这时他受到了 Aphros 和 Bythos 的保护和陪伴。

还有人认为 Aphros、Bythos 两兄弟和双鱼座有关，是双鱼星座内的一群恒星。

3—9： 荷兰药剂师艾伯塔斯•西巴在1734年出
版的百科全书中的海德拉插画。

3-9

Lernaean Hydra
勒耳拿的海德拉

关于海德拉最著名的神话自然是与赫拉克勒斯有关，是赫拉克勒斯的十二项苦役中的第二项，被赫拉克勒斯杀死后，升到天空上成为水蛇座。

人们常常将海德拉称为九头蛇，但在神话中，它头的数量往往是不定的。早期图形中，海德拉的头颅数量是六头，古希腊诗人阿乐凯奥斯可能是首个将海德拉的头颅数量描述为九头的人。一个世纪之后，到了古希腊诗人凯奥斯岛的西摩尼得斯的辞藻中，海德拉的头颅数量增加到了50个。而伪阿波罗多洛斯的描述中，海德拉被描述为长有八个可以被砍掉的头和一个不朽的头。公元前I世纪的古希腊历史学家西西里的狄奥多罗斯将海德拉描述为一条蛇身上冒出一百条脖子，每根脖子上都长有一个蛇头。公元2世纪的希腊历史学家、地理学家保塞尼亚斯认为海德拉也许比其他水蛇的体型要大、有致命的剧毒，但应该只有一个头颅，那些以前的吟游诗人为了让它听起来可怕一些，使自己吟唱的歌曲更受人欢迎，夸大了海德拉的头颅数量；古罗马诗人奥维德的海德拉也长有一百颗头，而且每砍掉一颗，就会又长出两颗。另外的人，诸如柏拉图、欧里庇得斯和维吉尔等等，都没有提过海德拉头颅的具体数量，往往只说很多。赫拉克勒斯大战海德拉也是古希腊黑陶瓶上常常出现的装饰主题，在这些图像中，海德拉头颅的数量也不固定，有时是7头，有时9头，有时13头，往往会随着年代增加而越来越多。

就像奥维德提到的那样，海德拉有惊人的再生能力。将它的头颅砍掉之后，又会长出新的，而最早提到这种再生能力的是欧里庇得斯，他说海德拉的头颅被砍掉之后，又会长出一对新的。西西里的狄奥多罗斯、帕莱法特斯、奥维德延续了这种说法，但是塞尔维乌斯的描述中提出，海德拉被砍掉一颗头之后，会长出3颗头。

为了制服它，不同人描述了赫拉克勒斯使用的不同的办法，有些记载是用燃烧的箭；或者是用烧红的烙铁去烫；或者是用燃烧的火把；或者直接点燃海德拉周围的树木；或者是在箭头沾上海德拉的毒液，毒液会使伤口无法愈合。因为部分版本中海德拉存在一颗不朽的头，所以最后还需要赫拉克勒斯举起巨石将这颗头镇压在下面。

海德拉的出身一般都采用赫西奥德的说法，它是提丰和厄喀德那的后代，由赫拉抚养，栖息在阿尔戈利斯海岸附近的勒耳拿湖或者勒耳拿沼泽中，平日会离开沼泽，吞食羊群，破坏土地。海德拉星座对应为美索不达米亚星座中的蛇座。海德拉这种多头蛇的形象也可能源自美索不达米亚，美索不达米亚神话中的战争与狩猎神尼努尔塔的远征中，它杀死了11种怪物，其中之一就有一只七头蛇。

< 082

3—10： 希腊克基拉岛阿尔忒弥斯神庙上的戈尔
       贡浮雕。

3-10

Gorgon
戈尔贡

戈尔贡是古希腊非常流行的一种怪物形象，往往被设置在器具和建筑物上，作为怖畏、镇厌、威吓的象征。它的名称源自希腊语中的 gorgós 一词，意思是恐惧，有人考证梵语中有类似的词语，叫作 garjana，这两个词被认为来源可能相同。这个词的发音也很特殊，类似于咆哮，可能源自拟声词或者象声词。

戈尔贡的起源也非常古老，有人认为在公元前6000年前的塞斯克洛考古遗址中，这种形象就已经存在；也有人认为从戈尔贡的形象和在人类文化的功能等方面考虑，它可能与美索不达米亚传说中的怪物胡姆巴巴存在一定的联系，但是戈尔贡在部分特征上又和胡姆巴巴有着明显的区别。有些戈尔贡形象上会表现出獠牙，有人认为这种牙齿的形状很像野猪牙，露出牙齿时，戈尔贡面部会出现一种咧开嘴巴的夸张笑容。某些图像中，戈尔贡还会吐出舌头，这一点在美索达米亚的胡姆巴巴、埃及的贝斯神，甚至印度迦梨女神的形象上都有体现，这种张目吐舌的形象也许在一段时间里、不同人类文化中有着类似的含义。

戈尔贡的张目和雅典娜有着文化上的关联，戈尔贡的眼睛和雅典娜闪烁的眼睛，都可能是一种古希腊文化中的符号，有人称之为神圣之眼。特别是也出现在雅典娜的圣鸟猫头鹰的文化形象上。这种眼睛也可以被符号化为螺旋、轮子、同心圆、万字符、火轮等等标志，戈尔贡的手、脚、翅膀常常被设置成顺时针或者逆时针的同一方向，可能就与此有关。

早期戈尔贡的形象中并没有现在常见的蛇尾，但它确实具有一些爬行动物的特征，主要表现在头发上。常见是由带子束成的辫子，头顶是涡卷状的头发，或者是蛇缠绕着头发，或者是从头部长出的蛇，比如科孚岛的阿尔忒弥斯神庙上的装饰。这可能与希腊早期龙蛇崇拜有关，古老的神谕会受到蛇的保护，戈尔贡的形象往往被装饰在神庙上，因为它与蛇的关联，所以也诞生了它长有鳞状皮肤的传说。

在荷马的《伊利亚特》中，戈尔贡的头颅被装饰在雅典娜的盾牌上；在《奥德修斯》中，戈尔贡出现在哈迪斯的宫殿中。

根据欧里庇得斯的说法，戈尔贡是由大地母神盖亚制造出来，在泰坦和奥林匹斯诸神战斗时，用来帮助自己的孩儿们。然后雅典娜把戈尔贡杀死，将它的皮肤剥了下来，披在自己身上。

赫西奥德可能是最早记录戈尔贡三姐妹传说的人，在他的《神谱》中，戈尔贡被分别命名为力量之斯忒诺（Stheno）、远海之欧律阿勒（Euryale）和女王之美杜莎（Medusa）。她们是福耳库斯和刻托的女儿，血脉源自原始海神蓬托斯和大地母神盖亚，她们居住在西方大洋遥远的彼岸。而在《埃涅阿斯纪》中，戈尔贡的活动区域，被设置在了地下世界的入口处。塞浦路斯的司塔西努斯记载，她们居住在俄刻阿诺斯之海深处的岩石小岛，叫作萨尔佩冬岛。

之后的神话中，戈尔贡三姐妹中，只有美杜莎是可以被杀死的，其余两位都是永生之躯。一般来说，帕修斯借助了赫尔墨斯和雅典娜的力量才击败了美杜莎。赫尔墨斯借给他自己的镰刀，雅典娜将自己的镜子借给了他，她的血液喷溅到了大海中，或者波塞冬的身上，然后从中诞生了天马佩加索斯和巨人克律萨俄耳。有些传说中帕修斯将美杜莎之头带回了塞浦路斯，在国王波里德克特斯面前举起，将整个宫殿中的人都变成了石头。也有传说帕修斯将美杜莎之头埋在了阿尔戈斯。还有传说称帕修斯将美杜莎之头献给了雅典娜，雅典娜将头颅安装在了宙斯盾上，擎天神阿特拉斯被雅典娜用美杜莎之头变成了阿特拉斯山脉，他的胡须和头发变成了森林，肩膀变成了悬崖。

有传说称从美杜莎左侧取出的血液是一种致命的毒药，从美杜莎右侧取出的血液可以使人死而复生。阿波罗尼奥斯·罗迪乌斯称，她的黑色血液滴入了利比亚的沙漠，每一滴都成为诞生毒蛇的巢穴。这些毒蛇只要划破人的皮肤，就能够让人丧命，毒素会使人逐渐麻木，人的视线中会出现黑雾，逐渐失明；人的四肢会逐渐变得沉重，变得无法控制。当人瘫倒在地上之后，身体会逐渐变冷，毒素会进一步侵蚀、腐化人的肉体，头发纷纷脱落。奥维德也采用了这种说法，帕修斯骑着飞马佩加索斯时，从半空中经过利比亚沙漠，戈尔贡的血液滴落到沙漠中，诞生了很多身体光滑的蛇，这些蛇的后代至今还是生存在利比亚沙漠之中。

博物志作者的看法又不一样，保塞尼亚斯试图将戈尔贡美杜莎的神话合理化。他认为在父亲福耳库斯去世后，戈尔贡美杜莎统治了居住在利比亚的妥里通湖一带的人，经常带领这些人出去打猎、征战。一次和帕修斯率领的部队作战时，在夜间遭到暗杀，帕修斯惊叹于她的美貌，将她的头颅割了下来，带回给了希腊人。狄奥多罗斯对戈尔贡美杜莎的神话也倾向于做理性的解释，他认为戈尔贡是生活在利比亚的女性战士部族，她们有着不输给、甚至超过男性的气概。正因为如此，帕修斯向她们发动战争，并且认为战胜了她们才是一次伟大的成就。

大普林尼认为戈尔贡是一种野蛮的女性部族，她们行动迅速、灵活，周身被头发覆盖；狄奥多罗斯记载她们是生活在利比亚西部的女性部族，被赫拉克勒斯途径利比亚时赶走。

戈尔贡在希腊神话中往往具有将人石化的力量，这一点可能和她们是创造珊瑚礁的海上守护神有关，而珊瑚暗礁对水手而言往往是致命的，而在帕修斯击败福耳库斯和刻托的传说中，也都是将它们变成海中的礁石。从宙斯盾的传说中，也可以猜测出戈尔贡的神话原型可能与礁石有关，宙斯盾可能是对暴风雨的神化，水手在暴风雨中行船，往往会因为失控而撞上礁石。

也有人认为戈尔贡传说与干旱有关，帕修斯将美杜莎斩首之后，出现了 Pegasos 和 Khrysaor。得墨忒耳与泉水的关系自然不言而喻，Khrysaor 是指金色叶片，是形容谷物成熟之后的黄色叶子，谷物女神得墨忒耳也曾经被称为 Khrysaoros，这两者的出现，意味着干旱的结束。

3—II：罗马的德拉·罗维雷宫天花板上的塞壬
图像，由意大利文艺复兴时期画家杜宾
里乔在1490年创作。

3-11

Siren
塞壬

早期塞壬的形象是上半身为人，下半身为鸟。后来演变为上半身
为人，下半身为鱼的形象，就像美人鱼，但依然有一对翅膀。在
部分绘画中，她还被塑造为既有鱼尾，又有鸟足的形象。传说中
她用美妙的歌声迷惑人，然后攻击陷入昏迷的人类。她们会在风
暴来临时歌唱，风平浪静时哭泣。普林尼认为她们的生存区域远
在印度。塞维利亚的圣伊西多尔认为她们长有翅膀和爪子，因
为她们擅长飞翔和攻击人类。他还提到了在阿拉伯有一种叫作
塞壬的蛇，它们长有翅膀，如果被它们咬中，在产生疼痛之前
就会死亡。

3—12： 俄狄浦斯与斯芬克斯，公元5世纪的基里
　　　　克斯杯内部的圆形画（现代修复）。

3-12

Sphinx
斯芬克斯

斯芬克斯是希腊神话中的一种混形生物，她长着女人的头颅和胸部，雌狮的身体，鹰的翅膀，有些时候尾巴还被表现为蛇头，也有认为她是狮子和塞壬形象混合形成的传说生物。有人认为关于她的传说和形象并不是源自希腊，而可能是从埃及或者埃塞俄比亚传入。

斯芬克斯一词可能源自希腊语 Σφίγξ，这个词是希腊语 σφίγγω 的变体。σφίγγω 的意思大概是挤压、收紧，这个词可能源自人们对狮子捕猎动作的观察，因为狮子捕猎时习惯攻击猎物的咽喉，死死咬住，使其窒息死亡。也有学者认为斯芬克斯一词源自埃及，是 shesepankh 一词的变体。shesepankh 大概意思是活的形象，而这个词被用来指埃及的狮身人面雕像，而不是这种怪物。

和大部分传说中的凶恶生物一样，斯芬克斯也出自怪物家族，赫西俄德称它是喀迈拉爱上双头犬欧特鲁斯的产物。拉苏斯则把斯芬克斯的辈分向上提了一辈，称它是厄喀德那和提丰的女儿。

斯芬克斯神话中，最著名的还是和俄狄浦斯有关。在伪阿波罗多洛斯的记载中，斯芬克斯是赫拉派遣到底比斯的，也有说法称她是由阿瑞斯、狄俄尼索斯或者哈迪斯派来的，在缪斯那里学习了谜语。它每天都守在底比斯附近的山上，向底比斯人提出谜语：什么是早上四条腿，中午两条腿，晚上三条腿。而在底比斯流传着一个预言，人们猜出谜语的谜底之后，斯芬克斯将不复存在。为此很多底比斯人都会去挑战这个谜题，但他们往往猜不出来，下场是被斯芬克斯吃掉，包括底比斯国王柯瑞翁的儿子希门。为此，底比斯国王称能够解决斯芬克斯问题的人将得到他的王国和寡居的希门妻子，最后俄狄浦斯解开了谜题。

在阿波罗多洛斯这个版本的故事中，斯芬克斯从卫城上跳下。而在狄奥多罗斯记叙的版本中，斯芬克斯是从悬崖上跳下。在伪许癸努斯的版本中，底比斯国王叫做拉伊俄斯，俄狄浦斯是他的儿子，为了消灭斯芬克斯，拉伊俄斯承诺战胜斯芬克斯者可以得到他的王国，并将自己的的妹妹伊俄卡斯忒嫁给他。俄狄浦斯解开谜题后，斯芬克斯纵身跃下悬崖死去。

而其实，在某些版本中，还存在第二个谜语：有这样的两姐妹，一个从另一个出生，而另一个又可以生下另一个，这两姐妹会是谁？谜题的答案是 ἡμέρα 和 νύξ，意思是昼与夜。这个第二谜题虽然不常见，但可能非常古老。

斯芬克斯的自然原型可能与瘟疫有关，埃斯库罗斯在《七将攻忒拜》中，将它描述为致死的、夺人性命的瘟疫。塞涅卡的悲剧《俄狄浦斯》中也将斯芬克斯和瘟疫联系了起来。

3-13

Chimera
喀迈拉

Chimera 一词是希腊语 Χίμαιρα 的转写，直译的意思应该是母山羊。《荷马史诗》中描述它长着狮子的头、山羊的身体，以蛇头为尾巴，它出现在小亚细亚的吕西亚，能够口吐烈焰。就像《山海经》中见之则不祥的凶恶怪物一样，它也是灾厄之兽，它的出现总是预示着暴风雨、火山爆发、沉船等等灾难。

赫西俄德的《神谱》中也提到了喀迈拉的形象，它是恐怖、巨大、敏捷和强壮的生物，它的吐息是熊熊烈火。它长有三颗头颅，一颗是灰色眼睛的狮首，一颗是长在尾部的龙首，一颗是长在中间的羊首，吐出可怕、炽热烈焰的正是这颗羊首。后世在表现它的形象时，这颗羊首往往会和狮首并列。更多的时候，是将荷马和赫西俄德的记载融合起来，让它的狮首、羊首、龙首并列在身体前部，而身体往往是狮身，尾巴还要加上蛇首。虽然在形象上喀迈拉长有鬃毛，但很多时候，人们认为它是雌性，传说它和它的兄弟双头犬欧特鲁斯交配之后产下了斯芬克斯和尼米亚猛狮。

3—13： 阿雷佐的喀迈拉铜像，由伊特鲁立亚人制
作，年代可能是在公元前5—4世纪期间。
公元1553年，因为第一代托斯卡纳大公科
西莫一世·德·美第奇在阿雷佐兴建美第奇
家族的城堡时而被发掘出。

之后，喀迈拉在很长一段时间里没有出现在雕塑、绘画中，就算是大普林尼的《自然志》中都没有记载，但他却记载了一处叫作喀迈拉的山峰。那里是火神赫淮斯托斯的城邦，这个地点在古代吕西亚境内，现代土耳其的西南部凯梅尔（Çıralı）海滩的北部悬崖上，被土耳其人称为 Yanartaş，意为燃烧之岩，是一组 20 多个的天然气喷气口。上面燃烧的火焰是古代水手定位的标识，这可能就是喀迈拉神话的原型。

传说喀迈拉是提丰和厄喀德那生下的怪物之一，厄喀德那是一种分尾蛇形、居住在深渊之中的地母形象，提丰则是象征着大地原始之力的火山巨人。这两者结合诞下诸多怪物的事迹，使人联想到相似但历史更久远的一则故事。这则故事出自美索不达米亚神话，提亚马特和阿卜苏结合创造出了众神，但是他们和新神产生了龃龉，阿卜苏被新神杀死，提亚马特为了给阿卜苏报仇，继而创造了 11 种怪物，这些怪物中就有各种合成兽，而提亚马特也常常被后世认为具有龙蛇之形。也许提丰和厄喀德诞生怪物的传说，也属于希腊神话受到近东神话影响的表现之一。

3—14：大卢卡斯·克拉纳赫在1518年绘制的戴安

娜与阿克特翁。

Actaeon
阿克特翁

阿克特翁是喀戎的学生,从喀戎那里习得了一身狩猎本领。一日,他在狩猎途中不小心闯入了加耳菲亚山谷的阿尔忒弥斯圣地,窥见了正在沐浴的阿尔忒弥斯的胴体,他被阿尔忒弥斯的身体迷住了,错过了逃走的时机。为了惩罚他对自己的亵渎,阿尔忒弥斯降下诅咒,只要阿克特翁试图讲话,就会变成一头鹿。阿克特翁没有克制住自己,听到了己方的呼唤之后,立即回应。这时阿尔忒弥斯的诅咒也开始应验,阿克特翁开始从人形向鹿变化,这时狩猎队伍的猎犬先赶到,它们不认识正在变化成鹿的阿克特翁,开始攻击他。阿克特翁举起双手向奥林匹斯众神祈求将他变回人形,但是诸神没有回应,于是阿克特翁被猎犬撕成了碎片。这种神话类型大概可以上溯到两河流域的神话中,吉尔伽美什在对伊什塔尔的嘲讽时就讲到,伊什塔尔将自己的牧羊人恋人变成狼,然后让狼被牧人驱赶,被牧羊犬追捕。

3—15：阿提卡地区发现的基里克斯杯内部的圆形
　　　　画——萨提与迈那得斯狂女，年代大概是
　　　　公元前500年至460年。

3-15

Satyr
萨提

萨提是潘与狄俄倪索斯融合之后产生的精怪，传说中常常是潘、狄俄倪索斯的随从，常见的形象为半人半羊，但也有驴耳、马耳或马腿的形象，与狂欢放纵有关，常常被塑造有巨大的生殖器，在伊特鲁里亚、罗马与法翁（Faun）融合，成为西尔瓦努斯（Silvanus）和法乌努斯（Faunus）的随从。

法翁是罗马神话中的神祇，对应的是希腊神话中的萨提，但法翁和萨提原本是不同的形象。在希腊神话中，萨提的形象原本是长有硕长生殖器、驴耳或马耳、驴尾或马尾、矮小、丑陋，所谓的后腿为羊等兽足，并不常见。但是法翁往往是半人半羊的形象，长有山羊的角、耳朵、尾巴和后腿，以及人的上半身，更像潘神，可能移用了潘神的形象。在罗马神话中潘神对应的是正好是自然和丰收之神法乌诺斯（Faunus），同时法乌诺斯还有女性版，叫作福娜（Fauna），她是法乌诺斯的妹妹和妻子或者女儿，自然与丰产女神，两者都是半人半羊，法翁就是他们的追随者。也有认为

< 100

法翁是西勒诺斯的追随者。

大概是从普拉克西特列斯开始，萨提的形象开始褪去兽类的特征，被塑造成英俊的青年。这种变化被保留延续了下来，成为萨提乃至法翁的变体形象之一。

Lamia
拉弥亚

阿里斯托芬认为 Lamia 一词源自希腊语中咽喉 laimos 一词，意指她吞食小孩的行为。拉弥亚是作为宙斯的情妇出现在希腊神话中的，传说她是利比亚的女王，为宙斯产下了后代，善妒的赫拉夺走了她的孩子，还把她变成怪物。因为过于悲痛，于是她偷窃并吃掉其他人的孩子。也有另外版本的传说称，赫拉只是夺走了她所有的孩子，而她自己因为过于悲痛，开始偷窃其他人的孩子，甚至吃掉这些孩子，这种疯魔的行为使她自己渐渐变成了怪物。还有版本说是赫拉的愤怒对她产生了影响，迫使她去吞噬孩童。也有传说中将拉弥亚和赫卡忒联系起来，让她成为赫卡忒的女儿，认为她的这种变形是血统造成的。

之后的传说中，拉弥亚的特性又有了新的变化，特别是因为诅咒，她变成怪物之后无法闭上自己的眼睛，被夺走的孩子模样永远都在她的眼前，挥之不去，使她陷入恒久的悲伤。于是宙斯赋予了她可以暂时取下自己眼睛的能力，希望这能够使她得到安慰。

The true picture of the Lamia.

3—16： 英国作家爱德华·托普塞尔在1658年出版
的《蛇与四足兽志》中的拉弥亚形象。

拉弥亚传说之所以在欧洲长期盛行，是因为欧洲女性需要一个让她们的孩子听话的睡前故事，这个故事也不断被后世民间传说、作者赋予新的特性。在《金驴记》中，拉弥亚被赋予了和巫术、吸血有关的特征。关于拉弥亚的外形，古希腊作家菲洛斯特拉托斯在《阿波罗尼传》中提到她是一种半人半蛇的女妖。有的天主教译文中，将莉莉丝翻译为拉弥亚。

3—17：意大利普利亚发现的器皿，上有斯库拉的

形象，年代大约为公元前300年。

3-17

Scylla
斯库拉

斯库拉的文本记载最早可能出自《奥德赛》。她和卡律布狄斯比邻，她夺去了奥德修斯六名船员，其中提到斯库拉长着12条腿，6个可怕的头和长长的脖子，有3排尖牙利齿，她的声音被比作狗的叫声。她名称的词源可能是 skyllaros（寄居蟹）、skylax（狗鲨）或者 skyllô（撕碎）。

她在古希腊器具中常被表现为上半身为女性，下半身为鱼尾，腰间长有狗头的形象。

荷马、奥维德、阿波罗多洛斯、塞尔维乌斯等人都采用了克刺泰伊斯是斯库拉的母亲的说法。她的父系不明，有人提到了特里同或者福耳库斯，也有人将斯库拉作为赫卡忒和福耳库斯的后代。这样就产生了冲突，于是有人试图解释，克刺泰伊斯是赫卡忒的另一个名字，也有人将克刺泰伊斯视为赫卡忒和特里同的女儿，还有人将拉弥亚设置为斯库拉的母亲，还有人将斯库拉设置为提丰和厄喀德那的女儿。

后世给斯库拉增加了起源神话，一般是斯库拉原本非常美丽，被波塞冬或者格劳克斯所喜爱，但是受到了嫉妒，有些神话中是安菲特律特，有些是喀耳刻。她们趁斯库拉在海中洗澡时，毒害了她。或者是喀耳刻迷上了前来讨要爱情药水的格劳克斯，所以用毒药代替了爱情药水，让她变成了长有6颗头、6条长脖子，每个头上有4只眼睛、3排尖牙的怪物。她有12条触手般的腿，一条猫尾巴，腰间还长有4到6颗狗头。

也有传说称赫拉克勒斯在西西里岛冒险时，战胜并杀死了斯库拉，斯库拉的父亲、海神福耳库斯用火炬将她复活。

斯库拉的原型是位于意大利和西西里之间的墨西拿海峡的一处陡峭岩石，它的附近就是卡律布狄斯旋涡。也有人认为她的原型是 Skilla 海岬，认为它在地理位置上更接近荷马的描述。

GROTESQUE SUPERNATURAL BEINGS:

The Directory
of Monsters in the Other
Side of The World

宗 · 教 · 传 · 说

4—1：西西里岛切法卢主教座穹顶上的撒拉弗
马赛克装饰。

4-I

Seraph
撒拉弗

《以赛亚书》第六章中有这样一段话："当乌西雅王崩的那年，我见主坐在高高的宝座上。他的衣裳垂下，遮满圣殿。其上有撒拉弗侍立，各有六个翅膀：用两个翅膀遮脸，两个翅膀遮脚，两个翅膀飞翔。彼此呼喊说：'圣哉！圣哉！圣哉！万军之耶和华，他的荣光充满全地！'"这段话中的撒拉弗直译过来的意思是"燃烧者"或者"发光者"。也有圣经译本将它译作飞龙，或者飞蛇。

在《民数记》和《申命记》中，它被译为火蛇，作为耶和华的派遣，袭击以色列人。也有人认为在不同段落中，撒拉弗所指是不同的。《以赛亚书》这里是指天使，另外的情况应该是指以色列人在沙漠中遇到的毒蛇。毒蛇造成伤口的疼痛感类似火燎，而眼镜蛇遇敌紧张时，将肋骨移位，头颈部变得扁平，类似于翅膀，当然这种解释显得牵强。这使人想到了出现在伊甸园中古蛇的形象，《创世纪》中仅仅记载了蛇受到上帝惩罚后的样子"你既作了这事，就必受咒诅；比一切的牲口一切野兽更重。你必用肚子走路，尽你一生的日子吃土。"而古蛇之前的样子，其中并没有提到，不过不可能是现在蛇形的模样。鉴于人们往往将这条蛇视为撒旦，而撒旦是上帝造出考验人类的天使，也有六翼，所以就有猜想，受上帝差遣的六翼天使仆从们最初的形象应该是燃烧状的飞蛇。特别是公元前8世纪的犹太信仰中，撒拉弗就被刻画成带有人类特征的飞蛇。

《圣经》的解读者认为撒拉弗用两个翅膀遮脸，代表着它对上帝的敬虔，用两个翅膀遮脚，意味着承认自己的卑微，两个翅膀飞翔是指对上帝的顺服。高呼三声"圣哉"，是在强调上帝的圣洁，这种圣洁是独一无二的。

在犹太教中撒拉弗往往在天使十阶中排名第五位阶，而在中世纪的天主教中，撒拉弗是天使中位阶最高的，位于上帝宝座周围，是神座的守护者。虽然依然以纯洁之火，智慧之光，净化的热情之类的思维方向来阐释撒拉弗，不过在艺术形象上往往将他塑造为被六对羽翼团簇的人面，很少情况下会露出身体和肢体，不过能够看出人形。不论如何，和《圣经》中本身应该有的形象可能已经相差甚远了。

Cherub
基路伯

基路伯又被称为四活物（Tetramorph），是以西结在迦巴鲁河边被掳的人中，见到的神的异象之一。

在《以西结书》第一章中提到了基路伯的模样，"又从其中显出四个活物的形象来。他们的形状是这样：有人的形象，各有四个脸面，四个翅膀。他们的腿是直的，脚掌好像牛犊之蹄，都灿烂如光明的铜。在四面的翅膀以下有人的手。这四个活物的脸和翅膀乃是这样：翅膀彼此相接，行走并不转身，俱各直往前行。至于脸的形象：前面各有人的脸，右面各有狮子的脸，左面各有牛的脸，后面各有鹰的脸。各展开上边的两个翅膀相接，各以下边的两个翅膀遮体。至于四活物的形象，就如烧着火炭的形状，又如火把的形状。火在四活物中间上去下来，这火有光辉，从火中发出闪电。这活物往来奔走，好像电光一闪。活物的翅膀直张，彼此相对，每活物有两个翅膀遮体。活物行走的时候，我听见翅膀的响声，像大水的声音，像全能者的声音，也像军队哄嚷的声

4—2：《凯尔经》上的四活物形象。

音。活物站住的时候，便将翅膀垂下。"第十章中对基路伯的形象又进行了补充，第十二节提到"他们全身，连背带手和翅膀，并轮周围，都满了眼睛。这四个基路伯的轮子都是如此。"可见基路伯有四张面孔，分别是前为人面，右为狮面，左为牛面，后为鹰面，有四只翅膀，翅膀下面还有人手，不论是人手还是翅膀都长满了眼睛，直腿，脚似牛蹄。他们闪耀着火光，如同闪电一般来往奔跑，声音如大水。通过以西结书中的描述，配合其中对轮中轮，蓝宝石形状的宝座，基路伯就像是拉着上帝战车的异兽一般，于是有人认为基伯路源自近东神话中的一种生物 Kirabu。Kirabu 应该就是亚述神话中的一对神兽，拉玛苏和舍杜。拉玛苏兼具有人、狮、牛、鸟的特征，和基路伯在《以西结书》中描述非常接近，同时他也是近东文明中常见的装饰形象，就像上帝要求摩西在约柜上装饰一对基路伯一样。

犹太教中认为基路伯是伊甸园的守卫，在巴比伦《塔木德》中记载的犹太国王希律一世重建的神庙中绘制了基路伯的形象。在犹太教宗教典籍《米德拉什》中记载，基路伯被认为是神在创世的第三天创造的，他们是非物质的存在，没有明确的形状，可以显现为男性、女性、灵体或者天使之类的形象。启示录中的四活物又产生了变化，其中提到第一个活物像狮子，第二个像牛犊，第三个脸面像人，第四个像飞鹰。这里的四活物似乎成了4个分开的事物。受到新约的影响，人们将四活物分别对应四部福音书，这种对应关系并不固定，存在各种说法，全凭借人们对四种动物印象来进行阐释。比如徒教会后期的神学家爱任纽认为马太福音对应人，因为它是以家谱开始叙述的；马可福音对应狮子，因为他突出了基督的身份；路加福音对应牛，因为它以祭司的故事开篇，牛为牺牲，与祭司有关，约翰福音对应鹰，是因为鹰象征圣灵。而埃及亚历山大城的主教亚他那修则认为马太福音对应人、马可福音对应牛、路加福音对应狮子、约翰福音对应鹰。另外圣·奥勒留·奥古斯丁也提出了自己的说法，他认为马太福音对应狮子、马可福音对应人、路加福音对应牛、约翰福音对应鹰。不过众多说法中，最有名的应该是圣马可之狮。它是威尼斯的守护，因为在公元828年的时候，威尼斯商人将圣马可的圣髑运回了威尼斯，并存放在圣马可大教堂的祭坛下。威尼斯将圣马可视为城市的主保，受到四活物与四福音对应关系的影响，马可福音对应的狮子也就成了威尼斯的标志。

本来在中世纪欧洲基路伯被认为是第二位阶的天使，但之后基路伯和丘比特的形象产生了关联，变化成了丘比特那样长着翅膀的婴儿或者小孩。

Draconopides
龙足古蛇

根据圣经中的说法，蛇是因为在伊甸园中诱惑夏娃，而被上帝诅咒，才得到了现在的形态。而在它受到诅咒之前，应该是什么样子，这是很常见的神学问题。根据犹太教卡巴拉密教文献佐哈尔记载，它像人类一样，使用两条后腿站立，和骆驼一样高。在它被诅咒时，上帝切断了它的胳膊和腿，分开了他的舌头，剥夺了他使用言语的能力，以致它只能发出嘶嘶声。另一种说法认为伊甸园之蛇是撒拉弗，有翼之火蛇。

在早期欧洲，画家倾向于将它画为一条普通的蛇。到了12世纪，画家倾向于将它塑造为更加拟人的形象，给它赋予了女性的头部，甚至有上半身和手臂。这种蛇女形象也有专门的称呼，叫作Draconopides，或 draconiopides、draconcopedes、draconipes，源自希腊语，意为龙足。这种形象有时也被用于描绘莉莉丝。到了15世纪，Draconopides 出现更加复杂的形象，在保持它女性特征不变的前提下，画家给它添加了蝙蝠一般的翅膀，使它看起来更像龙。

4—3：15世纪佛兰德画家雨果·凡·德·古斯
　　　在1465—1473年间所作的《人的堕落与
　　　救赎》中的人形古蛇。

4-4

Leviathan
利维坦

利维坦是圣经中记载的海中巨兽，《约伯记》第41章中记载了利维坦。虽然在现代希伯来语中利维坦一词是指鲸鱼，但在现代汉译的《圣经》中，它往往被翻译为鳄鱼。

在《约伯记》中它是一种可畏的巨兽，"它以坚固的鳞甲为可夸，紧紧合闭，封得严密……它打喷嚏，就发出光来；它眼睛好像早晨的光线。从它口中发出烧着的火把，与飞迸的火星。从它鼻孔冒出烟来，如烧开的锅和点着的芦苇。它的气点着煤炭，有火焰从它口中发出。它颈项中存着劲力，在它面前的都恐吓蹦跳。它的肉块互相联络，紧贴其身，不能摇动。它的心结实如石头，如下磨石那样结实。它一起来，勇士都惊恐，心里慌乱，便都昏迷……它肚腹下如尖瓦片，它如钉耙经过淤泥。它行的路随后发光，令人想深渊如同白发。它使深渊开滚如锅，使洋海如锅中的膏油。在地上没有像它造的那样，无所惧怕。凡高大的，它无不藐视；它在骄傲的水族上作王。"

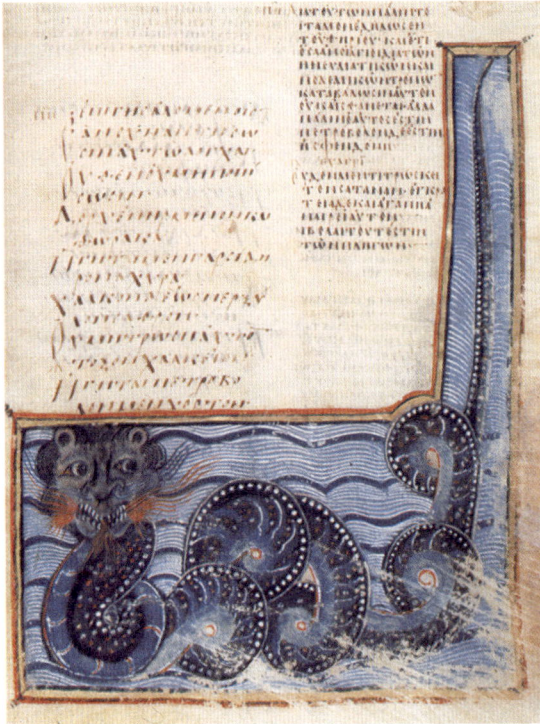

4—4：拜占庭风格式的《约伯记》手抄本中的
利维坦形象，公元九世纪下半叶在罗马
地区制作。

在《以赛亚书》第27章的第一节中这样记载："到那日，耶和华必用他刚硬有力的大刀刑罚鳄鱼，就是那快行的蛇：刑罚鳄鱼，就是那曲行的蛇……"

在《诗篇》第104章的第25、26节中有这样的记载："那里有海，又大又广，其中有无数的动物，大小活物都有。那里有船行走，有你所造的鳄鱼游泳在其中。"

同时在《罗马书》《阿摩司书》中也有记载。

利维坦的神话传说与近东神话有着密切的关联，是神祇战胜混沌巨兽这个母题的分化。近东有诸多神祇制服海怪的传说，军神尼努尔塔曾经战胜了七头蛇，乌加里特神话中巴力—哈达德战胜了海怪洛坦，马杜克杀死了混沌母神提亚马特。有人认为这些多头洪荒巨怪，往往是人们对海水、洪患的神话。

利维坦神话的直接来源可能是被巴力—哈达德战胜了的海怪洛坦。洛坦是海神雅姆的仆人，它的名字在乌加里特语中意为盘绕，也有文本将其称为蠕动之蛇。利维坦的名字在希伯来语中也意为盘绕，它也被称为曲行的蛇。洛坦在神话中有7个头，利维坦也被记录有7个头，种种迹象表明，希伯来神话中的利维坦很可能就源自乌加里特神话中的洛坦。

将视野扩大到世界，也有诸多神祇、英雄、圣人屠龙的神话。埃及神话中太阳神拉和孪生兄弟混沌之蛇阿佩普之间永恒的斗争；希腊神话中的宙斯击败提丰，阿波罗杀死皮同、赫拉克勒斯杀死海德拉；印度神话中因陀罗制服恶龙弗栗多；北欧神话中索尔杀死耶梦加得；中国神话中大禹斩杀相柳；日本神话中素盏呜尊杀死大蛇；基督教神话中的圣乔治屠龙等等。

在《圣经》中记载的其他几种巨大海怪，往往和利维坦相混淆，或者同一视之，或者被认为是同源分化的产物。其中提到了拉哈伯，拉哈伯在现代希伯来语中才是鳄鱼，坦宁也是圣经中提到的海怪，往往被翻译为大龙、野狗、大蛇。

在《新约·启示录》中，有"一条大红龙，七头十角……米迦勒同他的使者与龙争战……大龙就是那古蛇，名叫魔鬼，又叫撒旦，是迷惑普天下的，他被摔在地上"这样的文字，有认为这七头十角的大红龙也源自于利维坦的形象。

被视为伪经的《以诺书》中将利维坦描述为女的兽，住在海的深处，水的里面；和她相对应的是男的兽，叫作贝希摩斯，住在伊甸园东面的一个旷野里，旷野的名字叫登达烟，是人不能看见的。中世纪犹太典籍中进一步解释，称上帝本来创造一男一女两只巨兽，但是不希望他们繁殖造成世界毁灭，就杀死了女兽，将她的肉保留了下来，在弥赛亚降临时，给义人们作为盛宴享用，它的皮肤用来做宴会时的帐篷。之后一些典籍中，称利维坦饥饿时，口中会散发出巨大的热量，将所有的水都煮沸，如果它没有将自己的头放到天堂中，那么地上所有的生物都将无法忍受它的恶臭。又说它栖息地在地中海，约旦河水直流进它的嘴巴。也有说那条吞下约拿的鲸鱼会尽可能躲开利维坦，确保自己不被吞掉，因为利维坦每天都要吃下一条鲸鱼。还有说它的全身可以发出强光，特别是眼睛，但是害怕一种叫作 kilbit 的小虫，这种虫可以寄生在它的鱼鳃上杀死它。

基督教中将利维坦等同于撒旦，之后利维坦就逐渐成了恶魔。天使博士圣·托马斯·阿奎那将利维坦称为嫉妒的恶魔，1589年德国神学家彼得·宾斯费尔德将人的罪行和恶魔对应起来，其中利维坦对应的是七宗罪中的嫉妒。

4—5：英国诗人、画家威廉•布莱克在1805
年—1810年间创作的《约伯记》插图中
的一幅，其中绘制了利维坦和贝希摩斯
的形象。

Behemoth
贝希摩斯

Behemoth 是希伯来语中 behemah（牲畜、牛羊）一词的复数形式，所以也被称为比蒙巨兽、群兽。它和利维坦一样，也是《约伯记》中提到的一种怪兽，其中讲到"它吃草与牛一样。它的气力在腰间，能力在肚腹的筋上。它摇动尾巴如香柏树，它大腿的筋互相联络。它的骨头好像铜管，它的肢体仿佛铁棍。它在神所造的物中为首，创造它的给它刀剑。诸山给它出食物，也是百兽游玩之处。它伏在莲叶之下，卧在芦苇隐秘处和水洼子里。莲叶的阴凉遮蔽它，溪旁的柳树环绕它。河水泛滥，它不发战，就是约旦河的水涨到它口边，也是安然。在它防备的时候，谁能捉拿它？"

人们对贝希摩斯的认识往往出现分歧，有试图通过《约伯记》中的文本记载来推测贝希摩斯可能是哪种真实存在的动物，或者是以哪种真实存在的动物为原型。有人认为是河马、大象、犀牛或者水牛，比如"它摇动尾巴如香柏树"，被人理解为尾巴就像香柏树，有着分支刷状的尾须，和大象、河马尾巴的特征相近。也有人认为这是指象鼻，也有根据其中的描述认定这里讲的是一种能够在水中栖息的草食动物，特别是根据"就是约旦河的水涨到它口边，也是安然。"一句认为它能够不惧急流，和河马类似。描述贝希摩斯的最后一句也可以被翻译为"谁能用钩去捉拿它，用鱼叉戳穿它的鼻？"有人考证，当初人们在捕猎河马时，会先刺穿它的鼻子，迫使它用嘴巴呼吸，然后用鱼叉刺入它张开的口中。

不过也有人认为贝希摩斯是一种象征，作为和海中巨兽利维坦、空中巨鸟栖枝相对应的陆上巨兽，是想象力的产物，出现在《约伯记》中，用来表现上帝的神能。次经《以诺书》中记载它藏身在伊甸园以东的登达烟沙漠之中。犹太传说中有贝希摩斯与利维坦搏斗的描述，最终两者都被上帝用大剑杀死，成为圣洁者的食物。哈加达对贝希摩斯的描述更加神化，它的力量会在每年四月的犹太夏至日达到顶峰。每年的这个时候，它发出一声巨吼，这声吼叫震慑了所有的生灵，使它们接下来的一整年收敛起自己的爪牙，而弱小的动物因此得到生存的机会。这里主要表现贝希摩斯的悲悯与良善，如果没有贝希摩斯的吼声，动物就会相互残杀，甚至危及人类。

到了伊斯兰教中，贝希摩斯和利维坦相互混淆，产生了对调，利维坦变成了宇宙公牛，贝希摩斯则变成了巨大的水生生物，叫作巴哈姆特。阿拉伯神话中的宇宙模型有很多不同的版本，但大概是这样的，最上面是七重天堂，中间是人间，人间以下是七重地狱。这一切又被一位天使托举着，天使站在红宝石山上，红宝石被宇宙公牛驮着，而巴哈姆特则承载着宇宙公牛漂浮在大海之上。大海之下是深渊，深渊之下是火海，火海之下是巨蛇，巨蛇想要吞噬掉这一切，但被真主所阻止。

中世纪欧洲往往将贝希摩斯和恶魔联系在一起，或者他成为撒旦的坐骑，或者他是恶魔中的一员。

4—6：斯特拉斯堡版画师艾斯纳德在1753年制
作，用于马丁·路德版的圣经插画。

4-6

Moloch
摩洛克

《圣经》中记载的迦南地区神祇，对他的献祭需要牺牲幼童。他名称中的词根是希伯来语中的 mlk，这个词意为国王、首领，在近东地区很常见，可以上溯到阿卡德语的 melek，往往是对神祇、国王的尊称。这里将 melek 转写为 Moloch 是为了贬低这尊异教神祇，这个词在圣经中也有 Molech、Milcom 和 Malcam 等变体。

摩洛克在《圣经》的《利未记》《列王纪》《耶利米书》《以赛亚书》《申命记》中都有被提到过，其中记载了摩洛克崇拜最大的特点就是经火。经火是一种迦南人向摩洛克献祭的仪式，在拉比的记载中，人们用黄铜制成摩洛克的铜像，往往是牛头人身，铜像的手会向上平摊出来。人们对铜像加热，然后将幼童放在摩洛克的手心上，仪式过程中祭司会击鼓，父母听不到自己孩子的惨叫声，所以心中不为所动。也有记载，摩洛克的像是中空的，分为七个隔间，在第一个隔间放上面粉，在第二个隔间放上斑鸠，第三个隔间放上母羊，在第四个隔间放上公羊，在第五个隔间放上小牛，在第六个隔间放上公牛，在第七个隔间放上一个小孩，然后对摩洛克像加热，让这些祭品被烧毁。

在希腊、罗马的文献中也记载了腓尼基人火祭儿童的仪式，他们将这个神祇称为克罗诺斯，可以是联想到了克罗诺斯食子的神话。原本的腓尼基神祇可能是巴力·哈蒙，古希腊历史学家克来塔卡斯曾经向柏拉图描述了这种仪式：在迦太基人中央立着一尊克罗诺斯的铜像，双手捧着火盆，当火焰接触到了孩子的身体时，孩子在火中四肢紧缩，张开嘴似乎在笑，然后身体被火焰吞没。

公元前1世纪古希腊历史学家西西里的狄奥多罗斯也记载了类似迦太基的献祭仪式。在迦太基人的城市里有一座克洛诺斯的铜像，它伸出双手，手掌向上，向地面倾斜，这样每个放在上面的孩子就会滚落下来，坠入一个正在燃烧的大坑中。在献祭时，小孩的家人被禁止哭泣。在僭主阿加托克利斯击败迦太基人时，那些迦太基贵族认为这是因为他们在献祭时用下等人孩子代替了贵族自己的孩子，由此招致了神祇的惩罚。于是他们试图弥补，本来打算向神祇献祭200个贵族的孩子，但是最终的牺牲人数达到了300人。

古罗马时期的希腊作者普鲁塔克也记载过迦太基人的这种仪式。迦太基人充分认同这种仪式，他们会提供自己的孩子，没有孩子的人会从穷人那里买来孩子，就像杀死羊羔和雏鸟一样割开他们的喉咙。这个过程中，孩子的母亲不能留下一滴眼泪，如果她流露出悲伤的表情，那么交易会取消，自己得不到钱，孩子却被献祭了。同时，献祭的神像前满是鼓声和长笛声，人们一般听不到孩子的悲鸣。

现代研究对经火仪式有着不同的看法，有人认为经火实际上只是一种净化仪式，将新降生的婴儿在火焰中经过，以驱除邪祟，而不是幼童献祭。不过法国从1923年以来在迦南地区的考古发现表明，确实存在大量被献祭的儿童尸骨，这些尸骨和动物残骸混装在一起。

摩洛克这尊神祇一样存在争议，有人认为他的词源其实是希伯来语中的先知；有人认为他其实是太阳神；也有人认为他应该被归类为火神；还有人认为耶和华是从摩洛克崇拜中分化出来的信仰，是对摩洛克崇拜的改良，剔除了残忍的幼童献祭；更有人认为摩洛克一词不是指神祇的名称，而是指火祭这一行为。随着乌加里特故城遗迹研究的深入，也有人认为确实存在摩洛克这一神祇，众说纷纭，至今没有定论。

4—7：15世纪圣经手抄本中的但以理与大龙。

4-7

Bel and the Dragon
彼勒与大龙

出典自《但以理书》次经，所谓次经是指不包括在希伯来正典中，但包括在七十子希腊文译本和拉丁文译本之内的书卷。一般来说它们被公教和东正教接受，但是不被犹太教和新教接受，所以在现代新教圣经中没有收录。

传说但以理是波斯古列王最亲密的朋友，这里的古列王一般认为就是居鲁士大帝。记载说古列王征服巴比伦之后，崇拜巴比伦人的偶像彼勒，每天给偶像做礼拜，巴比伦人每天要向偶像献24袋面粉、46只绵羊和6桶葡萄酒作为祭祀品。但以理认为偶像是贴着青铜的黏土，从来没有吃喝过任何东西。古列王就将彼勒的七十个祭司都叫来，要祭司证明祭品是彼勒吃掉的，不然就杀掉他们。一旦他们证实，他就杀掉但以理。祭司让自己的家眷从密道进入吃光了祭品，但是但以理在地面洒了灰，留下了脚印，所以古列王处死了祭司，但以理摧毁了彼勒的偶像和神庙。所谓彼勒是源自阿卡德语中的 bēlu 一词，是对神祇的一种尊称，意思是主，在亚述和新巴比伦时期，这个头衔往往特别用于对马杜克的尊称。

又说巴比伦崇拜一条大龙，但是但以理用柏油、肥肉和毛发统统一锅粥地煮了，他将这些混合物炮制糕饼，喂给大龙吃，大龙吃了这些东西之后，肚子便膨胀起来，撑破了。但以理给龙喂食的情节，在亚历山大传奇中也有类似桥段：亚历山大给龙投喂毒药和焦油，将龙杀死。有人认为这种神话类型源自马杜克和提亚马特之战，马杜克控制风暴将提亚马特撕裂。这个神话在后世演变出许多不同的版本，比如耶和华和利维坦之战，米迦勒和大红龙之战，圣乔治屠龙等等。

这些举动引发了巴比伦人的愤怒，要求国王将但以理交给他们。但以理被扔进了狮坑，狮坑中有6只狮子，这些狮子每天都要吃掉两个人和两只羊，但是人们为了让但以理被吃掉，什么都没有喂给狮子，但是狮子没有伤害但以理。但以理在狮坑中待了6天，天使将先知哈巴谷带到狮坑给但以理送吃的。6天过去，古列王来狮坑边查看，发现但以理没有死，于是赞美起上帝来，将但以理拽出了狮坑，又吩咐人把那些企图害但以理的人扔进狮坑。

Myrmecoleon
蚁狮

蚁狮源自《圣经》的一个翻译错误。传说埃及托勒密王朝的国王托勒密二世喜爱阅读书籍，在他执政时期，委派人将希伯来语的《圣经》翻译成了希腊文。最初只翻译了摩西五经，之后由人不断翻译，形成了39卷的正典和15卷次经、伪经。因为传说中是由72位犹太长老翻译而成，所以这种译本被称为《七十士译本》，也有认为这个版本是犹太人自主翻译成希腊文的，由于种种原因，翻译中出现了很多和希伯来原文不吻合的地方，蚁狮便是其中一例。在《约伯记》中有一处提到了狮子，原文使用了比较生僻的词 lajisch，在其他译本中这个词往往被翻译成狮子或者老虎，但在《七十士译本》中使用了 Myrmecoleon 这个词。

在教宗额我略一世对《约伯记》的寓意注解的道德论丛中，也提到了《七十士译本》翻译的情况。他并没有将这一处翻译视为错误，反而就蚁狮进行诠释，说蚁狮是一种很小的动物，躲在沙土中捕猎搬运食物的蚂蚁。他认为将这种动物称为蚁狮是正确的说

4—8：《纽伦堡编年史》中的蚁狮版画。

法，因为对其他大型动物来说，它就是和蚂蚁差不多大小的动物，它们可以像吃掉蚂蚁那样吃掉它；但对蚂蚁而言，它就像狮子一样危险。

13世纪纪尧姆·勒克莱尔的《动物寓言集》中也记载了蚁狮。他将蚁狮归类为另一种蚂蚁，又说这种蚂蚁是狮子，是狮子中最小的，但也是最大胆、最机智的。它非常憎恨其他蚂蚁，它将自己隐藏在尘土中，当有蚂蚁经过时，它敏捷地跳出，将蚂蚁捕获。

也有一种来源不可考证的说法称，它是狮子和蚂蚁交配所生，有着狮子的头和蚂蚁的身体，身体的两部分依然保留了各自的生理习性。狮子的头只能吃肉，蚂蚁的身体只能消化谷物，最终只有饥饿而死。

4－9：克莱沃的凯瑟琳的时祷书其中的地狱之
口，这部书在1440年由匿名的荷兰艺术
家制作。

Hellmouth
地狱之口

地狱之口常常出现在中世纪的宗教艺术中，并且一直延续到了现代。它常常被表现为一头巨型怪兽，张开它的血盆大口，这张口中就是地狱或者炼狱，它永远都不会闭上，永远等待着新的灵魂进入充满了苦难与死亡的地狱之中。部分地狱之口的图像为了表现这一点，还会地狱之嘴中画上在地狱烈焰中因饱受折磨而扭曲的挣扎灵魂。

有认为地狱之口的概念源自盎格鲁—萨克逊人，或者从现存的器物上看，地狱之嘴的形象最早出现于盎格鲁—萨克逊人的器物上。而这张嘴可能源自芬里尔之狼，芬里尔之狼在诸神黄昏中咬死了奥丁，然后被奥丁之子维达踩住下巴，一张巨口被撕成了两半。基督教在传播过程中吸纳了这些神话，在英国格斯福斯十字架上，就出现了这则神话的浮雕，被称为 the crack of doom（末日之破裂）莎士比亚在《麦克白》也用到了这个词组，被翻译为世界末日的霹雳。

在《维切利布道书》中提到撒旦是一条巨龙，它会将被罚入地狱受罪的灵魂吞噬，罪人们无法从它的喉咙中爬出。也有人认为撒旦在传说中是会吞噬罪人的灵魂，但这并不能够将地狱之口和撒旦等同起来。先知约拿为了逃避上帝派遣的使命，而落于鱼腹，天主教认为他在鱼腹中经历了如在地狱深渊的痛苦，他在阴间的深处发出呼喊，所以往往将地狱之口视为大鱼的嘴，进而和与上帝争斗的海怪利维坦联系起来，将地狱之口视为利维坦之嘴。英国古代也有将地狱之口比作鲸鱼之口的说法，鱼被鲸鱼口中的甜美气味所吸引，然后进入到鲸鱼的口中，这时鲸鱼突然将嘴闭上，鱼就只能葬身鲸腹了，这种观念在介绍 Aspidochelone 时也提到过。

以地狱之口为主题的舞台或者游乐装置，从中世纪、文艺复兴，一直延续到了现代。早期它以机械装置的形式出现在舞台上，地狱之口背后往往是一座城堡；现代当然出现在各种各样的主题乐园中，作为鬼怪主题屋的入口，从宗教劝导的意味变成了单纯的恐怖游乐装饰。

Abaddon
亚巴顿

Abaddon 一词为希伯来语，意为毁灭、毁灭者。这个词在旧约中出现时只做毁灭的名词或者形容词讲，没有成为某个怪物或者恶魔的具体名号。亚巴顿作为怪物是在《启示录》中，《启示录》第九章第11节中提到"他们有无底坑的使者作王管辖他们；他的名字按希伯来话叫亚巴顿（Abaddon），按希腊话叫亚波伦（Apollyon）。"其中亚巴顿和亚波伦直译都是毁灭者，文中的他们是指第五位天使吹响号角之后，无底坑被打开，从中飞出了蝗虫，这些蝗虫"好像预备出战的马一样，头上戴的好像金冠冕，脸面好像男人的脸面，头发像女人的头发，牙齿像狮子的牙齿。胸前有甲，好像铁甲。他们翅膀的声音，好像许多车马奔跑上阵的声音。有尾巴像蝎子，尾巴上的毒钩能伤人五个月。"虽然文本中提到了亚巴顿所率领蝗虫的形象，但是并没有提到亚巴顿的形象，在中世纪往往根据蝗虫之王的描述，将他的形象描绘为具有蝗虫的特征。

4—10：列瓦纳的贝亚图斯所著的伊比利亚传统
启示录评注手稿。这个版本的成书年代
大概是1072年之前，图中亚巴顿的额头
上出现了撒旦的字样。

因为亚巴顿作为具体人物出现，在《启示录》一处有载，神学家、圣经研究家们对他的身份有多种考证看法。有根据他在希腊语中的名称 Apollyon，望文生义地认为他与阿波罗崇拜有关，是对阿波罗的蔑称；也有认为他是反基督者，他是恶魔撒旦；还有认为他就是第五号角之后，降下的大星，他持有打开无底坑的钥匙，执行上帝号令，前来毁灭世界的天使；更有认为他是耶稣复活之后的另一个名字。

《启示录》本来是一部预言书，所以人们往往会按图索骥，寻找能够验证预言的事件。有人认为亚巴顿预言了在公元70年，摧毁了耶路撒冷的罗马第十五军团；也有人认为亚巴顿和他的蝗虫军团预言了伊斯兰教的扩张，他们将伤人五个月特征提炼出来，称这1日暗示1年，5个月就是150年，正好等于对应公元612年至762年的穆罕默德统治时期，或者萨拉森人在公元830年至980年与十字军对抗的时期。

4—11： 穆罕默德·伊本·贾里尔·塔巴里所著
的《历代先知和帝王史》，15世纪早期
的手抄本版本中的图像，描绘了易卜
劣厮拒绝向人祖阿丹下跪的场景。

4-11

Iblis
易卜劣斯

易卜劣斯，Iblis，原意为邪恶者，伊斯兰教中的 Al·Shaitan，由无烟之焰之中所创造，因不想跪拜由黑泥所捏制而成的人类，拒绝向人祖阿丹下跪，在末日审判前接受了被逐至地狱的判决。为了复仇，发誓会将所有人类引离正道，也被视为镇尼，不是天使。

De temps en temps j'aime a voir le vieux Père,
Et je me garde bien de lui rompre en visière

4-12：法国画家欧仁·德拉克拉瓦在1828年
绘制的天空中的梅菲斯托费勒斯。

Mephistopheles
梅菲斯托费勒斯

梅菲斯托费勒斯的名字不一，也叫作 Mephistophilus、Mephos-topheles、Mephistophilis、Mephisto、Mephastophilis 等等。它的名字词源也有多种说法，一说是源于希伯来文，前半部分源自 mêpîṣ 一词，意为散布者；后半部分源自 tōp̄el šeqer，意为摧毁者。一说是希腊语的 μή（不）+ φώς（光）+ φίλος（爱好者）构成，意为不爱光者，这可能是对路西法一词的模仿。也有说是拉丁语的 mephitis+ 希腊语的 philos，意为喜恶臭者。还有认为 Mephostopheles 一词中 phosto 是 Faust 的变体，所以可以解读为不喜浮士德者等等。人们对梅菲斯托费勒斯一词的含义有多种解读，不过公认的是，这个词是文艺复兴时期惯用拟希腊语、拟希伯来的构词法，通过这种故弄玄虚的手法，以显示神秘。

他是德国传说中的魔鬼，与浮士德传说关联密切，最早出现于 1527年出版的魔法书《Praxis Magia Faustiana》中，歌德翻阅的文献中记载的梅菲斯托费勒斯是灰衣修士的形象。17世纪开始，梅菲斯托费勒斯逐渐从浮士德传说中独立出来，不断被丰富，成为独具魅力的角色。

Abraxas
阿布拉克萨斯

Abraxas 也被写作 Abrasax，有人认为 Abrasax 才是这个词最初的形态，后来因为希腊语字母中的 Ξ 与 Σ 混淆，形成了 Abraxas 这样的变体，并且取代本来的 Abrasax，成为主流的认知。阿布拉克萨斯是灵知主义中的一个重要概念，可以被称为伟大的统治者，这个词语以及相应的形象，常常出现在灵知主义的文本、咒语、魔法宝石上。

Abrasax 是英语对希腊语的转录，在希腊语中它被写作 ΑΒΡΑΣΑΞ。欧里庇得斯在《希波吕托斯》中提出，灵知主义中的巴息利得派，ΑΒΡΑΣΑΞ 一词包含了365这个数字，其中 A = 1，B = 2，P = 100，A = 1，Σ = 200，A = 1，Ξ = 60，这些数字加在一起，刚好等于365，对应的是一年365天，意指 Abrasax 是365个天堂和365种美德的统治者。巴息利得派还将阿布拉克萨斯称为最伟大的上帝、最高之主、全能之主、造物主之主。

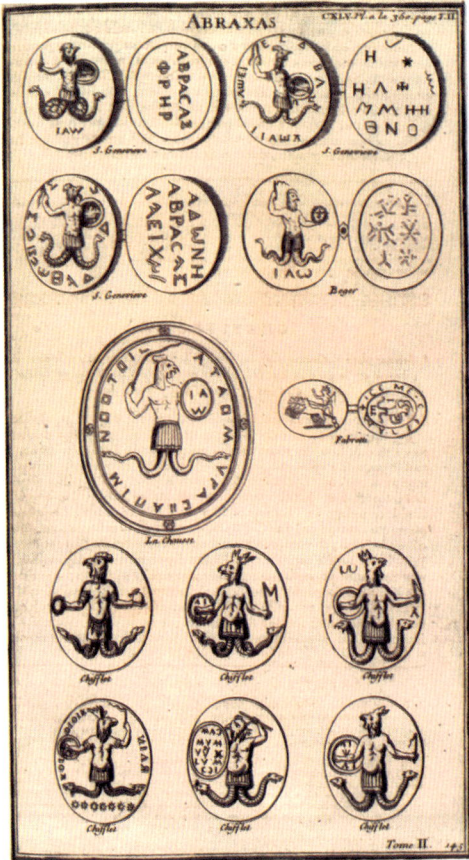

4—13： 圣日耳曼德佩教堂本笃会圣莫尔修会
的伯纳德・德・蒙福孔神父在1719年
出版的《古物图解》中的阿布拉克萨
斯图集。

从魔法宝石上可以看到阿布拉克萨斯的形象，他通常有公鸡的头，一般认为这源自希腊日神福玻斯；或者是狮子的头部，一般认为这可能源自埃及日神拉，或者密特拉；或者是驴头，身体为人，穿着盔甲，双腿为长着鸡冠的蛇。这种蛇往往被称为阿伽忒俄斯，右手拿着棍棒或连枷，左手拿着圆形或椭圆形的盾，有些时候身边会有一只蝎子，这种形象也被称为 Anguipede。

阿布拉克萨斯在地中海区域流传广泛，也融入了不同的文化和宗教之中。在埃及他有时被作为一个人物形象，与日神一起驾驭太阳车；也被表现为站在狮子上，狮子被鳄鱼驮着；也被视为一个名字和伊西斯、奈斯、阿托、阿努比斯等神祇有关。在希腊常与阿芙洛狄忒、宙斯、赫卡忒有关。还有人认为阿布拉克萨斯的形象对应犹太卡巴拉秘仪中的原人亚当，在犹太教中，他也常以字符的形式出现，发现的有 ΙΑΩ ΑΒΡΑΣΑΞ ΑΔΩΝΑΤΑ（Iao Abrasax，你是主）之类的铭文。还有认为那句著名的咒语 Abracadabra 也源自 Abrasax 这个名称。

天主教教会对灵知主义历来持反对态度，而阿布拉克萨斯也从受到推崇的神祇，变成了天主教描述的恶魔。19世纪的《地狱辞典》中，它被描绘为头戴王冠的秃头哥布林，一手持鞭子，一手拿着类似魔法宝石吊坠，双腿上各缠着一条蛇。

4—14： 意大利摩德纳博物馆宫殿收藏的罗马
　　　　时期法涅斯浮雕像。

4-14

Phanes
法涅斯

法涅斯名字的意思是"带来光明"或"闪耀",也被称为普罗多格诺斯(Protogonos),意为首个诞生的。常被描述为雌雄同体,被蛇环绕,有金色翅膀的神祇,一手持权杖,一手持雷霆。蛇头在他的头之上,这条蛇最初环绕于宇宙之卵,蛇是柯罗诺斯的形象。他身上的人头、牛头及狮子头也源自柯罗诺斯的形象。他是俄耳甫斯教创世神话中的光之神,正是他的出现,带来一切有,使一切显现。时间之神柯罗诺斯或者被叫作永恒(Aion)创造了宇宙之卵,由柯罗诺斯的对偶神阿南刻孵化,也有说是夜之女神倪克斯孵化,法涅斯就从卵中诞生。倪克斯创造了夜晚,法涅斯创造了白昼。阿里斯托芬将法涅斯称为厄洛斯,认为他是从倪克斯创造的卵中诞生,被放在无尽的厄瑞玻斯"黑暗"中,之后他与卡俄斯交合,诞下鸟类。罗马密特拉教在争取罗马上层支持、对抗基督教时,将法涅斯的神性和事迹融入了密特拉身上,由此诞生了石生密特拉的神话。

4—15： 梵蒂冈博物馆中收藏的狮首艾翁像。

Aion
艾翁

艾翁是希腊神话中与时间有关的神祇，相对于柯罗诺斯将时间分为过去、现在和未来，艾翁的时间是无限的、永恒的，与库伯勒、狄俄尼索斯、俄耳甫斯、密特拉的秘仪有关。他的形象往往是一个站在莫比乌斯环之中或者附近的青年、少年，莫比乌斯环往往代表黄道带或者时间的永恒循环，因为和他有关的神话观念中，时间是一个循环，所以他也会被想象成一位老者。

公元5世纪的时候乌尔提亚努斯·卡佩拉以柯罗诺斯定义艾翁，而柯罗诺斯常与克罗诺斯相混，于是艾翁与克罗诺斯产生了联系、融合，被视为瑞亚的配偶。除了欧里庇得斯提出过艾翁是宙斯之子以外，没有人提到过这种说法。到了基督教和新柏拉图主义的时代，有人将艾翁和狄俄尼索斯等同。《苏达》中将艾翁和奥西里斯关联；在托勒密王朝时期的亚历山大里亚，塞拉皮斯也被等同于艾翁—普鲁托尼乌斯（Aion Plutonius），普鲁托尼乌斯这个名称由普鲁托演变而来，与厄琉息斯秘仪有关，依然是指珀耳塞福涅的配偶和冥世的统治者。有记载说亚历山大里亚的艾翁在 1 月 6 日这天由处女神 kore 诞生而出，kore 意为少女、处女，指的是冥后珀耳塞福涅。人们将这一天视为新年，举行庆祝仪式，祭祀艾翁所体现的时间循环。有人认为这里的艾翁可能是奥西里斯—狄俄尼索斯的变体，也有人认为在这里艾翁与俄耳甫斯教、法涅斯进行了整合，融入了亚历山大里亚的密特拉教中，以保证城市的永恒。

罗马统治者将艾翁视为罗马永久统治的象征和守护者，并将他铸造在硬币上，还诞生了他的女性对照神祇：永恒女神 Aeternitas，将他们与凤凰联系在一起，作为重生、循环更新的象征。

现代学者在对密特拉教宇宙学的重建中，将艾翁定义为无限的时间。他由混沌之中诞生，被形容成一头狮子头的男性人物。他的裸体躯干被蛇缠绕，通常手持权杖、钥匙或雷电。这种形象在现代被称为狮首（leontocephaline），据推测在密特拉教中有着很重要的意义。

GROTESQUE SUPERNATURAL BEINGS:

The Directory
of Monsters in the Other
Side of The World

东 · 方 · 各 · 民 · 族 · 传 · 说

5—1：泰鲁阿讷动物寓言集中的布勒米人，
　　　年代为1277年。

5-1

Blemmyae
布勒米人

欧洲人异闻中的无头人，中国人看到他们的图像之后，常常会将其联想到刑天。他们也被称为 Sternophthalmoi，意为胸部上的眼睛，还被人叫做 Akephalos，意为无头。根据希罗多德的《历史》记载，他们居住在利比亚西部，他们的眼睛都长在自己的胸上。老普林尼的《博物志》中转述了克泰夏斯的记载，在红海海岸、穴居人Troglodytae 聚落以西的地方，居住着一群没有脖子，眼睛长在肩膀上的人。

到了中世纪，无头人传说得以流传。比如在传说是由法拉斯马尼斯写给哈德良的信中就有记载，这封信被翻译为拉丁文，上面记载了在埃塞俄比亚布里松河的小岛上，居住着无头人，他们皮肤是金色的，有12英尺高，7英尺宽。在亚历山大传奇中，就记载了亚历山大在征途中遇到无头人的故事，这些无头人是金色的，身高只有6英尺，并且有胡须垂到膝盖上。在另一些版本的亚历山大传奇中，记载了亚历山大抓住了30个无头人。

到了中世纪后期，无头人的传说随着欧洲人对世界的了解而被放置了亚洲。在《约翰·曼德维尔爵士游记》中，无头人居住地成了印度和缅甸之间的邓德亚岛，无头人被称为丑陋的土著民，没有头，眼睛长在肩上，嘴巴长在胸口中间，就像一个马蹄铁，是臭名昭著的人，无耻的、受诅咒的人。

随着地理大发现时代的来临，欧洲人对无头人的想象转移到了美洲。16世纪英国探险家沃尔特·罗利爵士在他对圭亚那的探险报告中提到了无头人，他称这些人为 Ewaipanoma，虽然他本人没有见到过这些人，但是他相信他们的存在。在传说中，这些人的眼睛在肩膀上，嘴巴长在胸口，后肩上长有长发。

历史上确实存在着布勒米人的原型，他们是由贝沙人构成主体的游牧部落王国，主要活动在古代努比亚一带。在斯特拉波的记载中，他们主要分布在麦罗埃以东附近的沙漠中，是爱好和平的族群。但是他们在历史上多次攻入埃及地区，和罗马发生战事。他们信仰努比亚神话中的太阳神曼杜利斯（Mandulis）、战争之神安赫尔以及伊西斯。被传说成无头人大概是希罗多德一干史家、博物家的功劳。

Panotii
巨耳人

Panotii 源自希腊语，大概意思是"全神贯注地听"，根据老普林尼的《自然史》记载，他们居住在西徐亚的 Amalchian 海的岛上，Amalchian 在当地语言中意为冻结，它又被辛布里人称为 Morimarusa，意为死海。老普林尼的《自然史》中没有记载这个岛的名称，但后来它被称为全神贯注地听之岛。

Panotii 族人有一对大得能够覆盖整个身体的耳朵，夜里可以睡在耳朵的皱褶里，把耳朵当成毯子和被子御寒，白天可以把耳朵当成衣物遮羞。这个种族天性害羞，见到人就会用耳朵飞着逃走。

Pandae 是另一种大耳族，但他们耳朵长度只能达到手肘，不过他们有八只手指和脚趾，下颚上长有漂亮的牙齿。他们生活在印度山谷的芦苇丛中，大概有3万人。他们能够活到200岁，在出生时

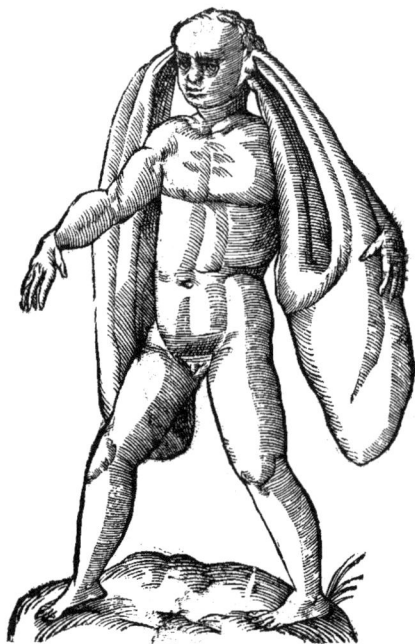

Vlyſsis Aldrouandi

Homo Faneſius auritus.

5—2：乌利塞·阿尔德罗万迪的《怪物志》
中的巨耳人形象。

头发和眉毛都是白色的，男性到了30岁之后毛发开始长满全身，并且开始变黑。到了60岁之后，所有的毛发都会变为黑色。他们非常好战，曾经组建起弓箭手和长矛兵一共5000人，参加印度国王进行军事远征。

I n Ethiopia fotto occidente fono huomeni bene formati, ma nõ hano fe nõ una gãba cõ uno piede grãdifimo, e quando el fole e al mẽzo giorno fi butano in terra e cõ quello fi fano ombra e defendonfi dal fole, e quãdo caminano uano a faltoni e parlano cõme noi in fuo linguagio et fono grã Zoieleri le quali zoghe fprezano ali mercati di ermenia e baratano in grano e loro uiuere fono a tutti comune et fono belifime le fue done et come fono graui de nõ fe impafta no cõ huomo g cofa alcuna gli omeni uiuenzazzan e fono di forte natura.

5—3: 意大利画家乔瓦尼·巴蒂斯塔·卡瓦
列里在1585年出版的《来自古代和现
代世界各地的怪物》中的伞足人。

5-3

Sciopods
伞足人

Sciopods，意指用独脚给自己遮阴的人，他还有另外的名称，叫作
Monopods 或 Monocoli，意为单足人。他出现在希腊喜剧作家阿里
斯托芬的剧作《鸟》中，在老普林尼的《博物志》中也有记载。
其中单足人第一次被人提到是在希腊史学家克特西亚斯的著作
《印度史》中，称他们只有一条腿，但跳跃能力和敏捷性非常惊
人。在天气很热的时候，他们会躺在地上，用自己的大脚来遮阴，
所以在中国，有些人将他们形象地翻译成"伞足人"。鉴于欧洲
对异域想象不出印度、埃塞俄比亚之类，所以单足人的聚居地也
一直在这些地方打转，比如奇迹创造者泰安那的阿波罗尼斯认为
这些单足人生活在埃塞俄比亚或者印度。在圣依西多禄的《词源》
中，他们生活在埃塞俄比亚一带，虽然只有一只脚，但是行动却
是超乎想象的迅速。

Lib. 31. cap.
11.
Glacies in-
star tutela-
rium armo-
rum.

Prædictis addi possunt Cynomulgi, siuè Cynocephali pariter hirsuti, quorum ca-
pita,& ora belluas magis, quam homines esse demonstrant. Hi secundum Licosthe-
nem, corpus humanum habent eleganter formatum,excepto capite rictum caninum
æmulante, nec non Æthiopiam Aquilonarem colunt. Insuper apud Vincentium A
in speculo historico, hæc natio regiones Tartarorum absq; metu peruagatur: nam,
hyeme asperrima,in aquis se mergit,deinde illicò in puluere volutatur,donec puluis
admixtus aquæ congeletur, idq; pluries repetitur, donec crassities glaciei, armorum,
& sagittarum ictibus reluctari possit. Quo facto aduersus Tartaros hæc natio ma-
gno impetu fertur, nam tunc sagittæ ab Aduersarijs in eos vibratæ retrò redeunt,
pariterq; alijs armis nullo modo lædi possunt. Quocirca Cynocephali illesi insul-

Cynocephali effigies.

tum

5—4: 乌利塞·阿尔德罗万迪的《怪物志》
中的狗头人形象。

Cynocephali
狗头人

Cynocephali 一词是由拉丁语承袭自希腊语 kynokephaloi，其中 kyno 意为狗, kephaloi 意为头。公元前4世纪，希腊史学家克特西亚斯的著作《印度史》中就记载了他们的存在，古希腊历史学家和外交家麦加斯梯尼在他的著述《印度志》也提到了他们。据说狗头人居住在印度的山中，通过吠声相互交流，靠打猎为生，身披狩猎所得的毛皮。但希罗多德记载他们居住在利比亚的东部。

东正教中的圣克里斯托弗形象也会被画成狗头人，克里斯托弗（Christopher）这个名字在希腊语中有"背负基督"的意思，事迹出自东正教的圣传。传说他是迦南人，生得健壮有力，四处寻找伟大的君王效力、侍奉。他来到一个王国，为国王效力，发现国王听到魔鬼之名，就会在胸口画十字；于是他离开国王，找到魔鬼，为魔鬼效力，但他发现魔鬼畏惧十字架；于是他离开魔鬼，去寻找基督，途中遇到一名隐修士，向他传福音，但他不习惯宗教仪式，就在河边修了一座小屋，通过背人过河来服侍基督。一日，基督变成一个小孩出现在他的面前，在背基督过河的途中，基督越来越重。这时基督告诉他自己的真实身份，要他将手杖插在土中，之后会开花结果，随后就消失了。第二天手杖果真开花结果，于是他开始四处传播福音。圣克里斯托弗被奉为旅客的主保。人们求他保佑脱免水灾、疫病、暴风等灾难。东正教将他描绘成狗头人，出自对迦南人一词的讹误，将拉丁语中迦南人的 Cananeus 误读为犬的 canineus。于是他被描述为在迦南之地的狗头迦南人，一直都茹毛饮血，直到遇见了化身孩童的基督，他为自己此前的所作所为感到忏悔，作为奖励，他获得了人的外貌。不过这种狗头人的形象，在17世纪末被东正教主流修正、禁止。

5-5

Amyctyrae
巨唇人

Amyctyrae 这个词意为没有鼻子的人。在斯特拉波的《地理学》中记载，他们食用生肉，比起上唇，下唇非常大。还有记载称，这个种族的下唇上翻起之后，甚至可以拉到头顶遮阴。这则传说可能源自非洲实际存在的摩尔西族，摩尔西族现在主要分布在埃塞俄比亚南部，正好是古代欧洲地理观念中的异域边缘，不过古时的埃塞俄比亚和现代地理、政治观念中的埃塞俄比亚并不是同一回事。他们以大唇为美，女性会去掉下颚上的部分牙齿，在下唇和齿根处切开，把陶盘放在其中。先是小型的陶盘，随着年龄增长加大陶盘的尺寸，陶盘越大者越美丽，有人甚至可以把下唇拉到盖在脸上。而且这种装饰，只有权力富有者才能够使用。

5—5：《纽伦堡编年史》中的巨唇人形象。

Astomi
食味人

根据老普林尼的《博物志》中的说法，他们居住在印度东边的尽头，在恒河源头的附近。他们天生无嘴，身体粗糙而多毛，采摘树叶来遮盖自己的身体，有猜测认为这里其实是指丝绸或者棉花。因为没有长嘴巴，他们既不吃肉，也不喝酒，只能够通过鼻孔吸食气味以维持生存。当他们需要出行时，他们会携带上各种各样植物的根、花朵，还有野苹果，使自己不会缺少闻食的东西。同时，气味这种对平常人来说一般不具有威胁性的事物，也可以轻易地杀死他们，如果当他们闻到了浓烈而令人厌恶的气味。

< 170

5—6： 《纽伦堡编年史》中的食味人形象。

Donestre
狮头人

狮头人居住在红海中的海岛上，他们的上半身就像一个预言师，下半身则和人类一样。他们知晓所有的人类的语言，当他们发现异乡人时，会声称自己认识异乡人和他的亲属，并用他熟悉的名字来欺骗他。获得他的信任，以此捕捉他，然后将他吃掉，只留下头颅。最后他会坐下来，对着头颅哭泣哀悼。Donestre 一词的意义不明，有认为是源自 quasi divini，在他们自己的语言中意为神圣的。为什么会将他们描述为上半身长得像一个预言师？这是很多人希望能够搞清楚的问题。在中世纪手稿中，他往往长着兽头、突出的眼睛，有时看起来就像是人类变成了长着顺滑狮子鬃毛的怪物。

< 172

5—7：1120年版的《东方奇迹录》(《The Wonders of the East》) 中的狮头人。

Abarimon
反踵人

老普林尼《博物志》中记载，他们的膝盖以下是向后生长的，但行走迅速。他们虽然是人形生物，但和野兽混杂生存在一起，而且非常野蛮，所有尝试捕捉他们的行动都以失败告终。他们生存在 Imaus 山的山谷中，这里的空气很特殊，一旦人身处在其中的时间过长，适应了其中的空气，就再也无法接受别处的空气了，这种空气使这里的人和动物永远都无法离开这个山谷。这有利于保护山谷，避免人们发现它的神秘位置。

这里的 Imaus 山其实就是喜马拉雅山，这则传说据称是被亚历山大东征时随行的人记载下来的。其中反踵但行动迅速的文句，使人想到了中国志怪典籍中记载的狒狒、枭阳之类，比如《尔雅·释兽》中"狒狒"的词条有郭璞作注："其状如人，面长唇黑，身有毛，反踵。"而《山海经·海内南经》中也有"枭阳国在北朐之西，其为人，人面长唇，黑身有毛，反踵"的记载。而且西方

Monſtrorum Hiſtoria. 15

exprimitur (horum hominum ſimulacra in foro Carthaginenſi iuxta portum effigia-
ta fuiſſe Diuus Auguſtinus teſtatur. Præterea Plinius, & Solinus diuulgarunt, in *Lib.* 46. *de*
onualle magna montis Imani, vel potius Timai, eſſe regionem vocatam Abarimon, *Ciuit. Dei*
E quam homines plantis poſt crura auerſis mirandæ velocitatis, & aſſiduè cum Feris *cap.* 8.
verſantes colunt. Hi in alio Solo, quàm in proprio minimè ſpirare dicuntur. Qua- *Lib.* 7, *nat.*
propter ad finitimos Principes deferri haudquaquam poſſunt;quorum figura eſt hęc. *hiſt. cap.* 2

Homo pedibus auerſis.

5—8： 乌利塞·阿尔德罗万迪的《怪物志》
中的反踵人形象。

与中国两种传说中记载的方位也很接近，一个在喜马拉雅山，一个在中南半岛一带。甚至可以大胆猜测，这两种传说可能是同种传说的不同演变。

5—9： 希腊红绘陶酒瓶上的俾格米人与鹤
的战斗，年代大概是公元前430年—
420年。

Pygmaioi
俾格米人

Pygmaioi 一词出自希腊语，意为前臂的长度，形容这个种族的人身材矮小。在《荷马史诗·伊利亚特》中，有俾格米人为保护他们的谷物，与鹤群战的情节。另一则故事描述了战争的起源：俾格米女王 Gerana 炫耀自己的美貌，冒犯到了赫拉，赫拉为了惩罚她，将她变成了鹤。另外有传说赫拉克勒斯曾经遇到过他们，他们试图趁赫拉克勒斯熟睡时将他绑住，不过这些毫无功效，赫拉克勒斯一站起来，这些束缚就像不存在一样地脱落了下来，爬在赫拉克勒斯身上的俾格米人也自然掉落了下来。

古希腊和古罗马的学者试图将俾格米人放置在一个地域观念中，有时他们是在印度，有时他们在埃塞俄比亚。普林尼的《自然史》中记载，俾格米人的身高不超过三臂长，他们居住的地域气候温和，四季如春。在他们北部有连绵的山峰，挡住了寒流，保护了他们。荷马记载他们这个族群的人被鹤包围，在春季，他们会集结部族的力量，骑上绵羊和母山羊，佩戴上弓箭，来到海边捕食鹤的幼崽和蛋，这样可以降低鹤的数量，减少它们对自己族群的威胁，这种征程往往会消耗他们三个月的时间。他们的住处是由泥土、蛋壳和羽毛搭建而成的，但亚里士多德认为他们是居住在山洞中的。

到了中世纪，人们对俾格米人的想象更加天马行空。在《约翰·曼德维尔爵士游记》中，俾格米人身材矮小，只有三臂高，但是性情公正而温和。他们的寿命只有六到七年，在出生半年之后就会结婚生子，一旦有超过八岁的，族群会共同赡养他直到终老。他们擅长采集制作金、银器，棉花和丝绸的工艺也是世间少有的。他们从鸟类那里取走所需和所食，并且经常和这些鸟类发生战争。

在中国也有对俾格米人传说的记载，在很多典籍中都有收录，比如《国语·鲁语》中记载"焦侥氏长三尺，短之至也。"

《史记·大宛列传》正义引《括地志》中讲到小人国在大秦南，人才三尺，其耕稼之时，惧鹤所食，大秦卫助之，即焦侥国，其人穴居也。

《神异经·西荒经》中有云："西海之外有鹄国焉，男女皆长七寸，为人自然有礼，好经纶拜跪，其人皆寿三百岁，其行如飞，日行千里，百物不敢犯之。唯畏海鹄，遇辄吞之，亦寿三百岁，此人在鹄腹中不死，而鹄一举千里。"

《太平御览》卷三百七十八引《博物志》逸文"齐桓公猎，得一鸣鹄，宰之，嗉中得一人，长三寸三分，着白圭之袍，带剑持车（按渊鉴类函人部十五引作"刀"，作"刀"是也），骂詈瞋目。后又得一折齿，方圆三尺。问群臣曰：'天下有此及小儿否？'陈章答曰：'昔秦胡充（渊鉴类函引作"克"）一举渡海，与齐鲁交战，折伤版齿；昔李子敖于鸣鹄嗉中游，长三寸三分。'"

从源流上看俾格米人与鹤的战斗应该源自西方，传入东方之后，故事中小人的元素逐渐凸显，而鹤的元素渐渐隐去，小人变成了鬼怪。比如《聊斋志异·耳中人》中的小人长三寸许，貌狞恶，如夜叉状。

5—10： 公元前340到310年左右的古希腊器
皿上的独目人与狮鹫之战。

5-10

Arimaspoi
独目人

根据希罗多德的《历史》中记载，普洛康内萨斯岛的阿里斯忒阿斯曾经作有一部神话史诗，叫作《阿里玛斯庇阿》。传说阿里斯忒阿斯当初为了寻找希伯波里安人而一直游历，到达了一处遥远、寒冷的山脉，这里的山峦屏障，难以逾越。回到希腊之后，他写就了《阿里玛斯庇阿》史诗，这部史诗已经佚散在历史中，通过希罗多德的《历史》可以了解到大概。

在希罗多德记述阿里斯忒阿斯的事迹时，也提到了独目族。阿里斯忒阿斯来到了伊塞顿人所在之处，了解到了继续前进就是独目族所在之处，在之后就是守卫黄金的狮鹫的所在地，在之后就能到达希伯波里安人的所在地，他们的领土一直延续到海岸。除了希伯波里安人之外，其他部族经常争斗，独目族将伊塞顿人从土地上赶走，伊塞顿人将斯基泰人从土地上赶走。

希罗多德曾经亲自来到希腊在黑海的殖民地，和当地的斯基泰人交流，对阿里斯忒阿斯的旅程进行了考证。他说自己是从斯基泰人那里得到关于独目人的消息证实的，Arimaspoi 这个名称就是出自斯基泰人的语言，其中 arima 是指单独的、一个，spou 是指眼睛。希罗多德还说，在欧洲的北部黄金最多。但他无法确定这些黄金是怎么样产生的，但听说，是独目族从狮鹫那里偷来的，那里是世界的边缘，围绕着整个世界，所以可能会有人们认为最好最稀有的东西。

大普林尼在他的《自然志》中说道，沿着黑海的欧洲海岸一直进行，可以到达塔内河（现今顿河），可以来到苗特人所在的地域，经过苗特人，就来到了独目族所在的地区。继续前行的话，能够到达里菲山，和一个被叫作 Peterophorus 的地区，这里一年不间断下着鹅毛般的大雪。再越过北风之神的居所，可以到达希伯波里安人的所在，他们是以快乐闻名的族群。

大普林尼还说，在西徐亚以北有一个部族，生活在距离北风发源的地方不远，附近有一处叫作大地门闩的地穴。这个部族叫作独目人，他们只在自己前额中心长着一只眼睛。他们和狮鹫之间进行着长久的争斗，狮鹫从金矿中挖出黄金，并守卫起来，而贪婪的独目族则想将黄金从狮鹫那里夺走。

Arimaspoi 可能还与荷马史诗以及赫西俄德神谱中的 Arimoi 有关。在荷马史诗中，宙斯战胜提丰之后，提丰倒下的地方，被称为阿里马（Arimoi）之地。在赫西俄德的《神谱》中，厄喀德那的住处远离不朽的诸神，和所有凡人，是一个叫作阿里马（Arimoi）的深渊地穴。

独目族的传说在希腊非常盛行，日常器具中常常出现他们的形象，往往被绘制成衣装华丽的亚洲人，和他们的宿敌狮鹫一同出现。

现代学者试图考证出独目族的真实面目，有人认为希罗多德错误理解了 Arimaspoi 一词，它可能是爱（Ariama）和马（Aspa）构成的合成词，Arimaspoi 应为爱马者，是指草原民族长于骑术。也有人认为 arima 一词意为孤独，spou 一词意为守望，Arimaspoi 应为孤独的守望者，是指中亚游牧民族塑立的那些石人像。

5—11： 安德烈·泰韦在1575年所著的《宇
宙志》中的食人族形象。

5-11

Androphagi
食人族

Androphagi 在古希腊语中意为食人者，据说他们是居住在西徐亚人以北的古老种族，可能是在第聂伯河和顿河上游的森林中。关于他们，最早的记载来自希罗多德的《历史》，其中讲到他们是居住在西徐亚人附近的几个部落之一，以游牧为生。他们衣着和西徐亚人相类似，但他们的风俗习惯比任何野蛮人都要野蛮，在他们的社会观念中不存在任何正义，他们也不遵循任何道德规则或者法律。他们虽然有自己的语言，也许这可以看作是他们步入文明的证明，但是和其他任何文明不同，人类也在他们的菜单上。

大普林尼在他的自然志中也有 Androphagi 的记载，他的描叙更为具体：这个族群的人，用人类的头盖骨当作盛水器，把人的头皮剥下来挂在自己的胸前，就像餐巾一样。

晚期罗马帝国著名的历史学家阿米阿努斯·马塞利努斯（Ammianus Marcellinus）在他的存世作品《历史》中再次强调了

Androphagi 的食人族特性，他声称这些居住在欧洲东北广袤大地的族群主要依靠人类的肉为生，为了避免成为这些人的食物，其他的部族都选择远离他们居住，这就造成了从欧洲的东北到中国的西北的一大片区域都人迹罕至。

不过到了近世，人们对这些文献中所记载的异族往往会混淆。比如莎士比亚在他的《奥赛罗》中就将无头人和食人族混为一谈，他将食人族的食人描述为彼此捕食的行为，同时还给他们赋予了无头人的外貌，称他们的头长在他们的肩膀以下。

现代有学者猜想 Androphagi 一词可能是古希腊语翻译自古代伊朗北方语言中的 mard-xwaar 一词，可能是西徐亚语中的词语，意为食人者。而 mard-xwaar 可以演变为 Mordva 或者 Mordvin，也就是莫尔多瓦。

现代语境中的食人族往往被冠以 Cannibal 之名。这是地理大发现时代，西班牙来到西印度洋群岛，发现加勒比人的宗教仪式中包含食人的过程，于是冠以野蛮人 Canibal 的蔑称对食人族的想象和发现也从欧洲边缘，转移到南美洲、大洋洲和非洲的秘境之中。在斐济、亚马孙河流域、刚果、新西兰的毛利人，都有相当程度的人类相食行为，斐济曾经被称为食人岛。在这些部落中，食人往往是一种文化行为，而不是生理或者遗传上的。他们相信吃掉这个人会获得这个人的某些特质，于是族人死亡时，他们会吃掉他，使他的灵魂能够在子孙身上延续，或者是吃掉敌人，以表示战胜对手。由此 Androphagi 一词也从人们的常识用语中被 Cannibal 取代。

GROTESQUE
SUPERNATURAL BEINGS:

The Directory
of Monsters in the Other
Side of The World

欧·洲·博·物·志·怪

6—Ⅰ：大卢卡斯·克拉纳赫绘制的人狼
版画。

6-I

Werewolf
人狼

虽然在人类史早期就出现了具有人狼特征的传说生物，或者在其他文明区出现了类似人狼的传说，但是真正意义上的人狼——werewolf 一词，以及人狼传说，出现在15世纪的欧洲，并从16、17世纪一直盛行到现代社会。

关于人狼转化的文字记载，希罗多德的《历史》中就有。他记载到，在西徐亚的东北方，有一个叫作 Neuri 的部族，部族的人每年都会变成狼，时间持续几日，然后才会变回人形。希腊神话中也有人变形为狼的故事，古希腊作家帕萨尼亚斯记载到，阿耳卡狄亚的国王吕卡翁将自己的外孙、宙斯的儿子阿卡斯剁成了肉酱，惹怒了宙斯，被宙斯变成了狼，上升到天空，成了豺豹座。有认为这是人狼传说的起源神话，于是人狼转化的能力也被称为 lycanthropy，就是源自吕卡翁的名字 Lycaon。

虽然有着一定的神话传说，但是在15世纪之前，欧洲人对人狼传说并不热衷，而且这时的传说和日耳曼原始宗教的关系密切，传说中往往是人披上狼皮，然后能够获得超人的能力。挪威国王拉哈尔一世曾经拥有一些叫作 Ülfhednar 的战士，这些战士和狂战士类似，区别在于，他们身披狼皮，而不是熊皮。他们认为披上狼皮能够获得类似于狼的能力，所以他们在战斗时也会选择让自己变得像狼一样残忍、凶暴。一方面这种传说在中欧、西欧形成了人狼传说，另一方面，这种传说东传入斯拉夫地区，这种怪物被称为 vlko-dlak 意为狼皮，这个词演变为 vurdalak，意为食尸鬼、亡灵，也即是现代吸血鬼的雏形，这一点上看来，现代人狼和吸血鬼的传说起源有着密切的关联。

15世纪人狼传说开始盛行的原因是猎巫运动的兴起，对人狼的审判和恐慌是在猎巫运动中很常见的现象。特别是到了16世纪末至17世纪初的这段时间，欧洲四处都出现发现狼人的传言，有人声称自己可以变成狼，还有各种人狼被审判定罪的记录，以及各种医学家辟谣的研究。他们往往认为人狼是人的幻想，或者妄想。这种因为人狼引起的恐慌在17世纪中叶开始退潮，只有日耳曼地区依然流行，并且延续到了18世纪。

虽然不同文化中传说的细节不同，但人们都认为人狼具有某些不同于人类的特征。当他为人类形态时，有突出的眉弓，弯曲的指甲，耳朵的位置比人类的更低，走路的步态也和人类不同。切开他们的皮肤，里面可以看见狼毛。他的舌头下长有刚毛，会挖开坟墓，寻找新鲜尸体吞食。当他变为狼的形态时，虽然身体和狼的区分不大，但是体型更大，没有长尾巴，眼睛还是人类的眼睛，声音也还是人类的声音。也有说他变成狼之后，只用三条腿奔跑，另一条腿会横起来当作尾巴。

北欧传说中的狼人一般是老妇人，他们的爪子有毒，目光可以使牛和小孩动弹不得。而被满月照射之后变成狼人传说主要出现在意大利、法国、德国。希腊传说狼人死后，如果没有消灭尸体，他们就会重生为狼群，在战场附近徘徊，吸干阵亡士兵的血。法国、德国和波兰等地的人们认为，罪人死后会变成吸血的狼。为避免这种情况发生，牧师会将罪人的尸体用铲子斩首驱魔，将首级扔进小溪中。匈牙利认为，一个人小时候如果受到双亲的虐待或者诅咒，他就会变成狼。

欧洲人认为人狼是可以治愈的，比如将钉子钉入他的手心，或者用刀击打他的额头、头顶，这些方法都非常致命。也有一些温和的方式，比如重复呼唤它的教名三次，或者直接责骂他。

现代学者试图从医学的角度来解释人狼现象，有人认为是卟啉症。不过卟啉症患者并不具有类似于狼的特征，所以有人提出这可能是多毛症，但是多毛症比较罕见，不符合历史上大规模发生的记载。于是有人认为人狼传说可能源自狂犬病，比如有被狼或者人狼咬伤也会变成人狼的传说，但是这个传说诞生时间较晚，不属于早期人狼传说。

18世纪以后，人狼多出现于各种小说中，并且成为一种盛行的怪物，一直延续到现代。

runt: nam per montes iter conficere afflictæ sunt. Contra eos qui se insequuntur pugnant, de summis montibus saxa deuoluentes. Ex iis nonnullæ, sed ægerrime tandem aut ægrotantes, aut grauidæ comprehenduntur. Illæ quidem propter morbum: hæ vero ob grauiditatem, Aelianus. Sed feras toto corpore hirtas esse, cauda equinis, & propter celeritatem non nisi morbo aut fessæ has grauem cephalij authores satyris ipsis attribuerunt.

In Syluis Saxoniæ versus Daciam, in deserto muricæ (nemore) cuiusdam, capta sunt parum ante hæc tempora duo monstra pilosa, ferè in omnibus habentia figuram hominis: & fœmina quidem mortua fuit moribus canum & vulneribus venatorium. Masculus autem captus est domesticus, & didicit ire super pedes erectos: & didicit loqui imperfectè valdè & non multa verba, & habuit vocem eælem sicut capreolus, & rationem nullam habuit, nec secessu & gestione & aliis talibus vereundabatur, multum autem appetiit coire cum mulieribus: & has publicè qualescunque essent tempore libidinis oppimere tentabat, Albertus. Et rursus libro 22. in Catalogo quadrupedum, de Conusa bestia scribens, citatis Solini verbis: quæ apud Solinum non de Conusa (corruptum enim hoc nomen est) sed cepo seu celpho simiarum generis habentur: Hanc, inquit, temporibus nostris vidimus in syluis Sclauiæ supra: igitur Saxoniæ, forte pro Sclauonia: deprehensam, marem & fœminam, ut in præcedentibus diximus, locum iam recitatum intelligimus: & procedente tempore voces quasdam expressit. Est autem hoc animal de genere simiarum. Rursus eodem libro, Pilosus, inquit, animal est compositum ex homine superius, & capris inferius, cornutum in fronte: simiarum generis, sed valde monstrosum: aliquoties rectum incedit & manu fricat. In desertis Aethiopiæ habitare ferunt: & aliquando captum & mortuum sale conditum Alexandriam missum, inde Constantinopolim delatum. Ex quibus verbis omnino apparet pilosum Alberto & recentioribus, nihil aliud quàm satyrum esse.

Satyrorum historiæ subiiciendum duxi monstrum istud, cuius effigiem apposui, quam eximiæ eruditionis & humanitatis vir Georgius Fabricius ex Misnia Germaniæ ad nos misit, & simul descriptionem, his verbis: Quadrupes illud captum est in ditione episcopi Salceburgensis, in saltu quem Hanesbergum vocant. Colore fuit giluo in flauum declinante. Feritatis in solitu hominum enim aspectum fugit, seque in tenebras ubi potuit, abdidit. Tandem cum ad cibum capiendum neque cogi neque allici posset, paucos post dies est extinctum. Pedes posterioris à prioribus dissimiles, & multò longiores fuerunt. Reliqua facile ex icone intelliguntur. Captum est anno salutis tricesimo primo supra mille quingentos.

DE BELLVIS humanæ formæ in Noruegia, quarum historia si vera est, Satyrorum historiæ subiungi potest.

INTER nunc imponendum esset his quæ de regni Scotici descriptione memorauimus, nisi vnius rei nouitas properantem temporariter calamum: quam nuper accepimus referentibus probissimis viris ab Iacobo quarto Scotorum rege ad Galliarum regem oratoribus missis quorum facile princeps Iacobus Ogilaus gymnasii Aberdonensis gratissimus alumus. Hi ascenso mari repente exorta procellosa tempestate per transuersum in Noruegiam pulsi, quum in litus egressi essent, non ita longè in montibus, homines rapuerebat villosos ac quales vulgo pingunt Hanesfores appellantes discurrere: videntes portento constulæ & attoniti. Mos ab incolis edocti sunt, belluas esse iis humanæ effigie mutas, nec homines insigni persequentes odio. Cæterum pro luce adeo metuentes vt nec in aspectum quidem hominis subire auderent: per noctem autem grassantes, villas gregatim inuadere, nisi eas disterrentes canes arcerent,
quorum

6-2

Forstteufels
森林恶魔

1531年，在萨尔茨堡北部豪恩斯山麓的森林中，人们发现了一个野人，他长着一对啄木鸟样的后腿，一对狗一样的前腿，头上长着扬起的鸡冠和山羊的角，脖子和下巴有狮子鬃毛一样的浓密毛发，四肢匍匐在地。1560年代，康拉德·格斯纳在编撰他那五卷本的《动物志》时，也将它收录了进去。同时代的皮埃尔·鲍埃斯杜在他的著作《惊人历史》(《Histoires prodigieuses》) 中也记录了这只怪物，采用了类似的插画，成了最典型的 Forstteufels 图像范式。在海尔布伦戏水宫中也有他的雕塑，采用了和《动物志》中不同的形象，整体形象看起来更加粗壮。现代谈论起它时，往往会将其和狼人进行关联，认为这是早期狼人传说的记录。

6—3：15、16世纪德国狂欢节游行上的野人
装扮的手抄本记录。

Woodwose
欧洲野人

野人在如高文爵士和绿骑士之类的中世纪文学、艺术作品中是非常常见的形象，往往披头散发、手持木棍，腰间围有一圈树叶，或者一丝不挂，甚至浑身长满毛发。有人认为，这种形象源自中东对欧洲的影响，恩奇都就是一个类似于野人的形象，圣经《但以理书》中尼布甲尼撒发疯之后在荒野中举止变得像野兽一样，也是中世纪欧洲流行的野人主题。同时，中世纪野人传说和形象也有来自希腊罗马的基因，其中融入了萨提、法翁、西尔瓦努斯的元素，比如瑞士格里松斯的农民将野人灌醉之后，把它绑起来，期望它能够说出智慧的秘密，以换取自由。类似桥段也出现在色诺芬、奥维德的记载中。同时，欧洲对野人的想象可能融入了《博物志》《旅行记》中的记载，虽然在这些著作中，野蛮人往往居住在印度、利比亚、埃塞俄比亚、西徐亚之类的蛮荒之地。

到了中世纪晚期和文艺复兴时期的德国，野人被用作采矿的标志出现在纹章上。据称矿工在哈茨山探脉时遇到了一对男女野人。

6—4：19世纪欧洲的克朗卜斯贺卡。

Krampus
克朗卜斯

克朗卜斯往往被视为欧洲的圣诞节角色，它往往会和圣尼古拉一起出现在节日庆典上，或者是人们在圣尼古拉节前一天举行克朗卜斯之夜。不过比起圣尼古拉，和克朗卜斯有关的传说和习俗主要分布在奥地利、巴伐利亚、克罗地亚、捷克、匈牙利、斯洛伐克、斯洛文尼亚、南蒂罗尔和意大利北部这几个地区。但是类似于克朗卜斯的装扮和习俗几乎在整个欧洲大陆都存在，甚至还在大航海时代，漂洋过海流传到了美洲，和当地民俗融合，形成了迪亚波罗之舞之类的狂欢节习俗。

克朗卜斯可能起源于阿尔卑斯地区，从11世纪起，圣尼古拉传说传入德国。在16世纪，德国人戴上恶魔、动物的面具来对天主教堂进行滋扰，人们认为这种装扮有着异教起源，受到基督教的影响，和恶魔观念同化。到了17世纪，人们将克朗卜斯和圣尼古拉联系在了一起，使圣尼古拉和克朗卜斯配对出现在冬季庆祝仪式上。这时克朗卜斯的装扮往往类似于基督教中的恶魔，同时装扮者会佩戴上锁链，锁链上有铃铛，意味着恶魔被教会所制服。装扮者会表演试图挣脱锁链，让铃铛作响的动作。克朗卜斯会携带一根桦树枝，桦树在古代巴伐利亚等地具有生殖崇拜的意义，他们认为桦树是雌性的，可以生出人类的小孩，或者在她的树洞中能够发现人类的小孩。携带桦树枝并且用来抽打小孩，可能源自前基督教时期的宗教仪式。有些时候桦树枝也会被鞭子所代替。克朗卜斯也会拿着一个篮子、背着一个口袋出现，篮子里面装着对好孩子的奖品，而坏孩子则是要被装进口袋中淹死或者送去地狱。又或者是圣尼古拉给好孩子赠送礼品，克朗卜斯给坏孩子送去煤球和鞭打的惩罚。

在20世纪初的时候，克朗卜斯相关的仪式被政府当局禁止，到了20世纪末才逐步得到复兴。现代的克朗卜斯虽然在不同地区有不同装扮和仪式特点，但都往往是身披羊毛外套，腰间系上牛铃，脖子或者四肢系上锁链，头戴羊角，面戴狰狞的面具，有些形制的面具还会吐出长长的舌头，在12月5日夜晚，圣尼古拉节的前夕，在市镇中四处游行狂欢。

6-5

Bonnacon
博纳肯

传说中博纳肯是巴尔干地区古国皮奥尼亚的一种动物，有学者认为他们的原型应该是已经灭绝了的欧洲野牛。

大普林尼的《自然志》中记载它长有马一样的鬃毛，身体其他部位和牛类似，但是它的角过于弯曲，以至于在战斗中无法起到作用。在它遇到危险被袭击的时候，它会迅速逃走，并且会从肛门喷出可以覆盖600多英尺面积的粪便。被这些粪便接触到的动物，皮肤会像着火了一样被烧焦，并且引起剧烈的疼痛。

成书于12世纪的《阿伯丁动物寓言集》延续了大普林尼的说法，不过将博纳肯的栖息地从巴尔干半岛位移到了亚洲，称它有一颗公牛一样的头，身型也和公牛的大小类似，但是脖子像马，角的形状很复杂，会卷回到自己身上，这使它在面对捕食者时无法用这种角保护自己。为它提供保护的是它自己的肠子，当它逃跑时，会从肛门中排放出可以散布到三英亩之外的烟雾，其中的热量可

< 200

6—5：1511年《阿什莫尔动物寓言集》中的
博纳肯形象。

以使任何接触到烟雾的动物直接燃烧，通过这种方式使任何捕食者不敢轻易攻击它。

在意大利热那亚第八代主角雅各·德·佛拉金编撰的《金色传奇》中介绍圣玛尔达的事迹时，提到了博纳肯，传说他栖息于安纳托利亚中部的加拉太，和利维坦交配之后产下了塔拉斯克之龙。

The   *Gorgon*

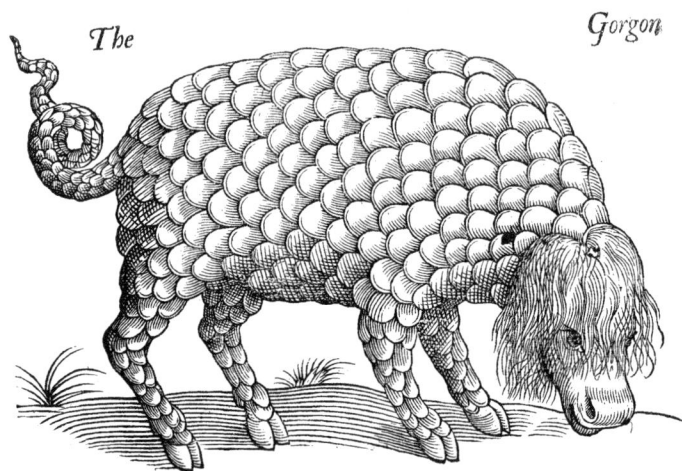

6—6: 英国作家爱德华·托普塞尔1658年出
版的《蛇与四足兽志》中的石化牛形
象。也许因为石化的异能相近，他将
这种动物标记为了戈尔贡。

Catoblepas
石化牛

Catoblepas 一词出自希腊语 καταβλέπω，意为向下看。在大普林尼的《自然志》中记载了埃塞俄比亚西部有一汪大泉，有人说这处泉水就是尼罗河的源头，在这附近生存着一种叫作石化牛的动物。它的体型中等，行动迟缓，头非常沉重，连抬头都很困难，所以它的头总是靠近地面低垂着。而它的视线非常致命，任何与它对视的生物都会即刻丧命。

克劳狄俄斯·埃利安在他的《动物本性》中也提到了石化牛，他说这一种体形中等的食草类动物，和家养的公牛一般大小，长着一头浓密的鬃毛，有一对细长、充血的眼睛，杂乱的眉毛，背部长有鳞片，头部很重，所以只有一直低着头。因为它的食谱里有有毒的植物，所以它的吐息也是有毒的，而不是它的视线。

13世纪的英格兰方济会修道士巴塞洛缪斯在他的百科全书式著作《论事物本性》中讲，他认为这种生物也生活在埃塞俄比亚的尼

< 204

罗河泉眼处，不过身体形态却和大普林尼描述的不一样。他认为这种生物有着较小的身体和较大的头颅，头颅总是垂向地面，就像巴吉里斯克一样，任何生物和它对视，都会立即死亡。

这些是比较具有代表性的记载，其中对石化牛传说和形象影响最深的是克劳狄俄斯·埃利安。他记录的公牛一般大小，在后世被讹误，以至于直接将石化牛当成了一种类似于公牛的生物。而它背上长有鳞片的样子，在后世的绘画中直接将鳞片覆盖满全身，更有甚者，给它添加上了一对恶魔般的翅膀。

Leucrocotta
卢克罗科塔兽

Leucrocotta 也被叫作 Leukrokotta、Corocotta、Crocuta、Krokuta、Kynolykos，不论哪一个词，都直接关联到它在传说中的血缘关系。人们认为它是一种狼、鬣狗、狮子等不同动物杂交而产下的生物，有些文献中认为是狗，有些文献中认为是母狮，比如斯特拉波就认为它是狼与狗杂交之后，诞下的后代。

大普林尼在《自然志》中提到，卢克罗科塔兽是所有野兽中速度最快的，身形大小和驴相当，有狮子一样的脖子、尾巴和胸，鹿一样的腰、后腿和蹄子，獾一样的头。在各种中世纪手抄本中，它最显著的特征是有一张开裂至腮的大嘴，这样的血盆大口中，长的不是牙齿，而是一排和整个颚骨长成一体的骨脊。而且它和鬣狗类似，能够模仿人类的声音。

公元9世纪的君士坦丁堡普世牧首大佛提乌也记载过这种动物。在他的笔下，这种动物分布在埃塞俄比亚，具有惊人的力量，能

6—7：彼得罗·坎迪多·德塞布里奥（Pietro
　　　Candido Decembrio）在1460年为卢多维
　　　科三世·贡扎加绘制的手抄本中的卢
　　　克罗科塔兽。

够模仿人讲话的声音，并以此为陷阱，在夜间呼唤旅人的名字，以诱捕那些受骗后靠近它的人类。它像狮子一样勇猛，马一样迅速，牛一样强壮，任何金属武器都无法伤害到它。

古罗马历史学家卡西乌斯·狄奥曾经记载了这种动物被送到罗马的样子，那时是罗马塞维鲁王朝的第一个皇帝塞普蒂米乌斯·塞维鲁当政的时期。卢克罗科塔兽第一次被人从印度献入罗马，它的毛色就像是狮子和老虎的混合，它的外形也带有这些动物的特征，同时也有狗和狐狸的特征混入，非常奇异。

< 208

uulgò uocatur Seruoy (inquit Io.Staidenius Humbergensis, qui Americam à se uisam describit: ipse u. duplici Germanicis literis *Seruoy* scribit) magnitudine Felis animal, & cauda eiusdem: pilis alijs ex albo fuscis, alijs ex nigro.Catulos parit quinos aut senos.Locum in uentre aut sex digitos ferè scissum gerit:& intra scissuram illam mammillas habet:eidemque inclusos catulos circumfert.Sed forsan idem animal fuerit Alopecopithecus & Chiurca, etsi pro diuersis à Cardano & Scaligero memorantur cum utroque capite sit uulpino.& in alio eu o bursa suos catulos gestet: hæc enim utrique conueniunt: cætera quæ in altero ab his describendo addunt. sitem non ad uersantur.Itaque animal uiuum esse suspicabar,donec aliquin certiora docuerit.Hoc forte intererit, quòd Alope copithecus lactandi gratia catulos è bursa sua emittit: & icon (si quid ti credendum) bursam illam anteriori uentris loco, mamillas posterius ostendit.Chiurca uerò mamillas intra bursam (quimuis non bursam sed scissu ram in uentre esse scribit Staidenius) habet.Coniicio & Cynocephalum cognatum esse quoniam Agathârchides author est Cynocephalum fœminam uterum per omnem uitam extra corpus gestare.P.Bembus historiæ Vene tæ lib.6.ubi de nouis insulis scribit, Animal (inquit) est fissura nutriuit cum oli magnitudine, gallinis infestissi mum : cuius quidem fœmina loculum habet è pelle uero adnexum, quasi uterum alterum , foecundum ubri bus,in quo catulos secum gestat,emittitque cum uelt. Itaque cum animal noxium uidet,& uenatores adesse in telligit,loculo illos recipit,& inclusos fugiens aufert,idque tamdiu facit,quoad catuli per se,& quæ sibi t sui ad ui ctum sunt,quærere & uitam tueri possunt.Hæc ille.

Hæc bestia fictio nomine simiuulpa,aut simis uulpina, Latinè: ... uel ... Græcè dici poterit. Germanis *fuchsfaff.*Inter pisces quidem de glauco maris logitur quod fœtus suos,cum eis metuit, deuo ret ac rursus incolumes emittat,ut Aelianus refert.

DE FERA QVADAM NOVI ORBIS QVÆ SV VOCATVR.

NOVI Orbis regionem quandam Gigantes dictâ (lingua ipsorum Patago nes) incolunt: & quoniam cœlo non admodum cali do fruuntur,uestiunt se pellibus anima tis illius,quam Su appellant, id est, aquam eb eo nimirum,quòd magna ex parte eir ca aquas studios degat. Est autem omnia ra pax hæc fera, & formæ monstrosæ,quam hic exhibeo. Cum à uenatoribus ur getur suæ pelli gratia, catulos suos in dor sum admissos cauda ampla longaque te git, & fuga elabitur. Itaque dolo scrobe effossa, & frondibus obtecta, una cum ca tulis capitur. Cum autem se inclusam se uidet, rabie quadam suos catulos obtrun cat & occidit,& clamore horribili ipsos etiam uenatores terret:à quibus tandem sagittis confossa excoriatur.Andreas The uetus cap.6. Descriptionis Americæ.

DE SVBO.

SVVS (...) russo colore & robustis cornibus geminis armatus, in utraque sed uiuit. Cum in mari natat,eum per mulros piscium gres consequens osculatur , quòd ex illius conspectu summa voluptate afficiatur : sed præcipuo quodam studio circum ipsum uersituur pagri,oculati,acus mul li,afiaci : Denique omne piscium genus circa subum uersari gaudet,atque se dine iter faciens,& ter go dextra & sinistra eidem comitatur : sed sed estibus ille externum amicitiam contemnunt, marinos socios excelit & conficit.Hi uero tametsi ob oculos uersantem mortem uident, tamen interfit illorum suum arq oderunt,neque relinquunt. Sed scelerate subus & fraudulentos,non impune innocentes pisces occideris,mam ipsi tibi perniciem piscatores moliuntur.Gillius ex Oppiani de uenatione secundo. Videri autem potest et siluestre ouium genus (ut & muisino uel musso Sardiniæ) hoc animal referri posse , nam statim ante historiam eius Opisanus de ouibus feris Creticis egit,quas colore flauo uel purpurascente esse scribit, quadricornes, non bisul cos, uillo ferè capriao rectas.Et mox addit, Quinetiam subus colore flaueicit splendido,sed non æque uillis bisul ctus:& duo tantum ualida cornua supra frontem.Quod si non congenera bestias istas existimaget, conferre inter se æque distinguere opus non fuisset. Sed coniectura hæc nuda sit: nam certi nihil habeo, cum nullius omnium crepto Oppiano (quod sciam) authorum huius animantis meminerit.Etsi Io.Bodinus nuper oppianum de uenatione interpretatus,subum Aristoteli (Oppiano dicere debuit)eun dem esse scripsit,qui Plinio sit sterpsiceros,nescio quam rectè.

6—8： 康拉德·格斯纳的《动物志》中的苏兽形象。

Su
苏兽

托普塞的著作中记载了一种叫作苏兽的可怕动物，这种动物的栖息地在新发现的大陆，一个叫作 Gigantes 的地方，这里的住民叫作 Patagones。这个国家气候很冷，需要捕猎当地生活的动物，剥取它们的皮毛以御寒。这种动物大多数时候生活在海中，所以当地住民给它取名为 su，据说这个词在当地人的语言中意思是水。当猎人想要获取它的皮毛而前来捕猎它的时候，它会立即把自己的孩子背在背上，用蓬松的尾巴将它们遮挡住。这种状况下，几乎没有任何动物或者猎人能够靠近它，因为这时它非常亢奋，敢于去杀死任何追捕它的敌人。所以猎人为了捕捉它，往往不会直接攻击，而是选择在地面上挖一个坑，坑上用杂草、树枝和泥土遮盖上薄薄的一层，它一旦走在上面，就会连带着自己背上的孩子一起掉入坑洞中。这种动物往往被形容为残忍、不可驯服、暴躁和血腥，一旦认定自己无法逃出猎人的陷阱，它就会将自己的孩子全部咬死，避免它们被人类捕捉。

< 210

当猎人来到它身边时，它会发出充满怨恨的可怕咆哮，直盯盯地看着要杀死它的人，并不慌张或者惊恐，也不会抵抗。猎人靠近它之后，会用飞镖或者长矛将它杀死，然后剥下它的皮毛带走，将尸骨留在原地。

6-9

Gulon
暴食兽

Gulon 又叫作 gulo，是斯堪的纳维亚地区和日耳曼地区传说的一种生物，也被叫作 Vilsruff、Jerff、Rossomokal，Gulon 是它的拉丁语名称，由暴食 gluttire 一词演变而来，主要得名于它贪婪暴食的生理特性。

传说中它的身体和大型犬一样壮实，耳朵和脸则像是猫，它的爪子非常尖锐，身体上长满长长的棕色毛发，尾巴像狐狸，但是稍短，它头部的毛发最厚，能够做出整个冬帽。

它食性贪婪，当它发现一个动物尸体之后，一定会拼命吞食，直到自己的肚腹胀成鼓一样。这时如果尸体还没有吃完，它会找到一个狭窄的树杈，将身体卡在中间，拼命地挤压肚腹，直到其中的内容全部消化成粪便被排出，然后回到尸体边，继续大快朵颐，如此往复，直到尸体只剩下一副白骨，然后寻找下一个食物。它捕猎时，一般是躲在树上，等到猎物经过时，从

< 212

524 *De Quadrupedibus*

... pelle decoquitur in vase nouo, Plinius. Epitheta. Somniculosi glires apud Martialem. Apud alios, vt ... refert, breues, soporati, hyberni Τυφλοὶ, ... & ..., Oppianus de myoxis. c. Tota mihi dormitur hyems, & pinguior illo Tempore sum, quo me nil nisi somnus alit, Martialis. Nullum animal grauiore premitur somno. Vnde Mart. Dormitis nimium glires, virulliq; marlni.

DE GVLONE.

GVLONIS nomen de Septentrionali quadam voracissima fera etsi nouum est, & ab Olao Magno, vt puto, ad imitationē Germanicæ vocis primum confictum, placuit tamen retinere, & hoc in loco collocare, cum veteribus ignota hæc fera indictaque videatur. Plurima tamen concurrunt vt aut ipsam hyænam, seu crocutam (quam aliqui eandem hyænæ putant, alij ex hyæna & cane, alij ex hyæna & leæna natam: omnia dentibus frangit, protinusq; deuorata conficit ventre, Plin. aut omnino congenerem bestiam existimem, vt facile indicabunt qui vtriusque historiam conferent: & commodè quidem accidit, vt hyænæ historia proximè subijcienda literarum ordine sic poscente sequatur. In Lithuania & Moscouia (verba sunt Matthiæ à Michou ex libro 2. descriptionis Sarmatiæ Europeæ, cap. 3.) animal voracissimum & inutile, quod alibi non comparet, rossomaka nominatum, magnitudine canis, facie cati, corpore & cauda vulpinis, (hyæna videtur quasi ex lupo & vulpe composita) colore nigro: (pedes & vngues asperrimi, corpus ..., prolixis pilis subfuscis, cauda vulpis, sed breuior & pilis densior, Olaus magnus:) cadaueribus vescitur. Inuento cadauere tantum vorat, vt extendatur & infletur tympani instar: itaque augustiam aliquam inter arbores ingreditur, & per vim seipsum introdit, ac ventrem premens stringensq; exonerat, vt violenter ingesta violentius egerat: sic extenuatum rursus ad cadauer properat & rursus impletur, ita vt vicissim de cadauere quantum potest deuoret & excernat, donec totum absumpserit. Et forsan natura tam insatiabile animal in illis regionibus producit, vt homines simili voracitate laborantes redarguat. Quoniam potentes quum conuiuari cœperint, sedent à meridie in medium noctis, continuo cibo & potu se opplendo, & cum natura exigit surgendo à mensa vt egerant, & rursus se ingurgitent, idq; ad vomitum vsque & rationis ac sensus amissionem, vt inguinis & capitis quæ sint discrimina tandem nesciant. Estque illa consuetudo perniciosa in Lithuania & Moscouia, magis vero & absque pudore in Tartaria, Hæc ille. Atque vtinam intra illas tantùm gentes plusquam belluina illa ingurgitatio circumscriberetur, nec Germaniam nostram inuasisset in tantum, vt quo nobiliore quisque fere natus est loco, eò bibacior & voracior dies noctesque transigat, atque interim & nobilis, & bonus & Christianus haberi diciq; velit, cum ne hominis quidem secundum rationem, nedum Christiani secundum pietatem, imò neque belluæ secundum naturam viuentis vitam tueatur. Nam vt hyæna aut crocuta, & alia quædam pauca naturæ monstra huic tam immani vitio obnoxia sint, pleraque tamen omnia bruta in cibo potuq; naturæ modum nunquam excedunt, ne verberibus quidem aut vllis illecebris vt id faciant adigenda. Sed redeo ad rossomacam: de qua eadem Lithuanus quidam nobilis sic narrabat: Rossomaka minor lupo, breuioribus cruribus, adeo repletur vt venter propendens terram ferè contingat. Rictum ferè suis habet, dentes lupinos, longos. Genera sunt duo, vnum nigrum, & aliud lupino ferè colore. Hominem & animalia viua non lædit: morticina tantum vorat, & nimis repleta in suo latibulo renomit: ac rursus ad multum tempus ijs quæ euomuerit pascitur. Vrsus occidere eam obuiam non potest, ita dentibus se defendit: Hæc ille. Scribit Olaus Magnus in libello quem adiunxit Septentrionalium regionum descriptioni, vnde nos etiam picturam hic appositam mutuati sumus: quam quidem ad viuum factam non assero, sed dedi qualem inueni. Animalia, inquit, quæ Germani *vilfrass*, id est multiuora, Suedi ierff appellant, immodicæ voracitatis: nimium repleta ventrem inter duas arbores stringunt vt excrementa protrudant. Petuntur à venatoribus (sagittis, aut bombardis) pellis gratia solum, quæ apud nobiles & ditissimos ad vestimenta in pretio est, ... splendidis & florum instar distincta coloribus, quales in Damascena veste spectantur. Sed illi cum gestant huius bestiæ pelles, in eiusdem ferè naturam mutantur. Et alibi, caro eius omnino inutilis est ad humanam escam: sed pellis percommoda atque pretiosa: candet enim fuscata nigredine, instar panni Damasceni, diuersis ornata figuris: eademq; eo pulcrior aspectu redditur, quo magis artificum industria, colorum conformitate in quocunque vestium genere fuerit coniuncta. Soli principes & magnates eo indumento tunicarum more confecto hyemis tempore vtuntur: quia colorem concipit citiùs & diutius seruat conceptum: idque non solum in Suecia & Gothia; Sed & in Germania, vbi raritas harum pellium maiorem sortitur æstimationem. Et huius causa sagittis à venatoribus hoc animal petitur, Hæc ille. Rosomachæ nomen Sclauonicum est, inquit Scaliger: nos ioco vulturem quadrupedem continentium appellare: cadauera namque miro certoque odore sectatur. Pileo ex huius feræ pelle confecto vel Polonoru reges aliquando vtuntur. Pili in ea (vt Schenebergerus meus ad me scripsit) sunt longi, sed non admodum densè dispositi, nigri, splendentes, vt Zobellæ videri possint: minoris tamen quam Zobella venditur. Alitur hoc animal apud Lithuanos (vt audio) in Principum aulis propter admirandam voracitatem: tantumque robore pedum valet, vt arborem in duas partes diuidat, & alio per medium districta se exoneret, Hæc ille: Dicitur hæc fera esse callida ac feris insidiari: cum feram aliquam animaduertit, conscendit arborem ac cum eam iuxta se videt, statim descendit ac feram apprehendit & occidit, siue sit ceruus aut Alce aut caprea &c.

Idem.

DE

6—9：康拉德·格斯纳的《动物志》中的暴食兽形象。

树上跳下突然袭击。

这种生物的肉对人来说是难以下咽的，不过它的皮毛却正好相反，非常珍贵，这些北方的住民甚至不愿意让这些皮毛流入外国。它的皮毛是白色、黑色和重棕色相间，能够迅速产生热量并利于保温，是王公贵族在冬季的必需品，但是穿着它的皮毛的人会产生和他一样难以被满足的欲望。它的肠被制成琴弦，会发出刺耳但让人享受的乐声，使用这种琴弦能够锤炼出更好的技艺。它的爪子就像螺旋，将它放在头上，能够治愈眩晕症和耳鸣。用它鲜血和热水混合，以蜂蜜调味，能够让人一醉方休。将它的油脂涂抹在感染、腐败的伤口上，能够迅速使伤口得到治愈。将它的牙齿佩戴在身上，可以增加对异性的吸引力。刚从它尸体上取下的爪子能够驱赶猫、狗。

为了皮毛，猎人一般不会在夏季捕捉它，这时它的皮毛价值远低于冬季。因为它比狗要凶猛，所以一般的猎犬也不起作用，猎人一般会用动物尸体做诱饵，等它饕餮一番，将自己卡在树杈之间时用弓箭射死它。不过这样会破坏毛皮，于是猎人在诱饵上设套，将它吊在半空中，直到它气绝。

这种动物的原型一般认为是貂熊，主要布于北极边缘及亚北极地区。它的消化量很惊人，在一天内可以消耗十三磅肉。虽然它确实会挤压自己的肚腹，不过吃不完的食物，它也会想办法带走藏起来。

6—I0： 607年由爱德华·托塞尔出版的《四
足兽志》中的曼提柯尔形象。

Manticore
曼提柯尔

曼提柯尔是古代欧洲对东方世界异域化想象的产物之一，大普林尼的《自然志》中援引了古希腊作家克泰夏斯的说辞，而克泰夏斯可以就是曼提柯尔传说流入欧洲的源头。他说曼提柯尔长着人脸和耳朵，眼睛是灰色的，嘴巴里长有三排牙齿，密密麻麻排列着就像梳子一样。它的身型和狮子类似，但全身都是红色的，声音就像潘神之笛和胜利号角的混奏，在尾巴的尖端长着蝎子一样的螯刺。它对人肉有着强烈的偏好，并且行动非常迅速。

方济会修道士巴塞洛缪斯在他的《论事物本性》中也讲到了曼提柯尔，他说在印度有一种奇异形状的怪物，它的身体和皮毛就像熊一样，四肢和狮子类似，但是却长着人脸。它的脑袋是红色的，上面长着一张血盆大口，里面是整整三排尖牙利齿，尾巴像蝎子那样长着一根螯刺。它的声音像号角那样震慑人心，世界上所有野兽之中，它是最为残忍的，速度很快，擅长吃人。

希腊诗人斐洛斯特拉图斯曾经转述了一段阿波罗尼奥斯对曼提柯尔的描述：这种生物有四英尺长，它的头和人的头很像，大小和狮子差不多，尾巴上有一根长而锋利的长刺，能够像射箭那样把这根尖刺射出去，来捕获猎物。

中世纪时期，人们对曼提柯尔传说的原型也有很多种说法，比如认为它应该就是印度虎，或者是狒狒，毕竟 Manticore 这个词源自古波斯词语 Martikhoras，意为食人者。但在古代欧洲的想象渲染之下，已经早就难以考证了。

6-II

The Mimicke Dogge
模仿狗

模仿狗 Mimicke Dogge 也被叫作 Getulian Dogge，它能够很容易地模仿它所看到的东西。这种特性使人联想到猿猴，有人认为关于它的想象是由猿猴衍生而来，或者受到了猿猴的启发，也有人认为它的智慧和性情类似于猿猴。它长着类似刺猬的尖脸，面部是黑色的，有着长长的四肢，周身都是毛茸茸的，有一条短尾巴。

6—II： 康拉德·格斯纳的《动物志》中的模
仿狗形象。

Unicorn
独角兽

独角兽似乎有着一种独特的魅力，使它在各种神话、志怪、博物的创作中经久流传，从古希腊至今，依然是人们很常见的想象寄托。在不同的时代，独角兽有着不同形态，被赋予了不同的含义，从一种可能真实存在的动物，演变为具有神奇能力的异兽。

独角兽的英语词 unicorn，uni 意为单独，corn 意为角，直译为独角。这个词源自古法语的 unicorne，而法语则源自拉丁语的 unicornus，拉丁语出自古希腊语的 monoceros，mono 意为单独，ceros 意为角，直接意思也是独角。

这种动物在古希腊作家克泰夏斯在他的著作《印度志》中首次被提到，他将这种动物称为印度野驴。它和马匹一样大小，甚至比马还要更大，它们的身体是白色的，头部是深红色，眼睛是蓝色的。它的前额长着一只角，角的根部是白色的，角的中部是黑色的，角上部的末端是火一样的红色。使用这种角制成的杯子饮水、

6—12： 荷兰独角兽挂毯，年代大概是1495
年—1505年。

饮酒或者饮用其他任何液体，可以治愈抽搐、癫痫，甚至避免中毒或者解毒。克泰夏斯还说，世界上其他家养或者野生的奇蹄动物，都没有距骨或者胆囊，但是印度野驴两者兼有。它的距骨是他见过的动物中最美的，就像牛距骨的色泽和形状，就像铅一样重，朱砂一样鲜艳。它非常强壮，行动迅速，起跑时它的行动很缓慢，但是会越跑越快，马或者其他任何一种动物都不能赶上它。只有趁印度野驴还是幼崽时才能活捉它，但是印度野驴不会任由自己的幼崽被骑士捉去，它会用自己的角、牙齿、蹄子反击，往往牺牲一群人和马，花费大量的矛和箭才能杀死它，但永远不可能活捉成年的印度野驴。它的肉很苦，人们捕猎它主要是为了获取它的角和距骨。

埃里亚努斯在他的《论动物的特性》也提到了这种动物，他和克泰夏斯的描述大同小异，也是将这种动物称之为驴，经常生活在印度最荒凉的平原上。但是将它的角的效用夸大了，称没有这种角不能治愈的疾病，除了治愈抽搐、癫痫，能够解毒之外，人以前喝过的致命物质也会全部被呕吐出来，使人恢复健康。

传说到了斐洛斯特拉图斯这里变得更加神奇，他说这种动物的角会被印度人制成杯子，使用这种杯子喝酒的一天之内，这个人都不会生病、不会受伤、不会中毒，能够毫发无损地穿过火焰。

大普林尼在《自然志》中说这种动物的头长得像鹿，腿长得像大象，尾巴长得像野猪，身体的其他部位则长得像马，在前额上长着三英尺的黑色长角，能够发出深沉的吼声。

到了中世纪，独角兽往往被塑造为长着独角的马或者山羊，一般是浑身白色，极为狂暴，只能够被处女安抚。所以在传说中人们为了捕捉独角兽，往往让处女做诱饵，等到独角兽将头放在处女的膝间或者胸膛之后，处女会斩下它解百毒、治疗癫痫的角，猎人们再来将独角兽捕捉或者杀死。这种传说在中世纪形成了一种独特的艺术主题，叫作"独角兽之猎"。

受到基督信仰的影响，独角兽往往被视为耶稣的象征，所以"独角兽之猎"的主题往往会和"受胎告知"的主题融合，诞生一种叫作"独角兽的神秘之猎"的主题。其中的处女为圣母玛利亚，天使加百列吹响号角，独角兽被四只分别叫作正义（Iustitia）、怜悯（Misericordia）、和平（Pax）和真实（Veritas）的猎狗追捕，躲进了圣母玛利亚的怀中，它的角指向圣母的纯洁。

到了15世纪，独角兽在纹章图案中盛行起来。它往往被表现为一匹马，在前额长着细长、螺旋状的独角，尾巴看起来就像狮子的尾巴，有山羊般的胡须以及蹄子，这一点和源自古希腊的传说不同，因为传说中独角兽是奇蹄，而纹章中的羊蹄是偶蹄。其中最著名的独角兽纹章可能是苏格兰王室，因为独角兽宁愿战死也不愿被俘虏的高傲，正贴合了苏格兰王室在对抗英格兰王室时心态。有些纹章上，独角兽的脖子往往被拴着锁链，这有着被驯服或者受历练的寓意；而有些纹章上的锁链是断掉的，则表示已经挣脱束缚的寓意。

因为独角兽的传说非常盛行，于是不断有人伪造独角兽的存在。除去山羊角、象牙、海象牙之外，用独角鲸来伪造是最为常见的手段。在中世纪时，它长出来的牙齿经常被误认为是独角兽的角，维京人捕猎它们进行高价贩卖，一根牙往往会买到牙重数倍的黄金。伊丽莎白一世的那根"独角兽兽角"就是独角鲸的牙齿，因为独角鲸牙齿长而且螺旋交织，也影响了对独角兽兽角的想象。

人们对独角兽真实原型有着不同的猜测，有人认为是羚羊，也有人认为是鹿，还有人认为是犀牛。犀牛确实是众多动物中最接近古希腊、古罗马众多博物志中原始记载的一种，埃里亚努斯称独角兽为 monoceros，也被称为 cartazonos。cartazonos 这个词很接近阿拉伯语中的 karkadann，意思为犀牛。

جاءوروقفت هذا ها فوصفه الارض و رب هذا و روح جارو اين رو ركارو فات و في ذلك الي القرة و صاحبها كما
صاحبها الجمل و المرأة في البيت في البيت القديم و رز وحتها اتسم ها جتي كا هافلا ها و ها سها ما فعلا ها يا بارئ
فماح صيحة شديدة قابه جمع عليه جمع قرة دكبره نباحه وهسعلا ها الجفة و الباجة ورجوهاجى
مان حوام جرأيه عنه كرعاترعا انتان وماكل معدها من احدسنه سده الاحل المع
ولادع اللبن يرخو تيجول تيجول هسماما العين لم جده ماكان ما جاح الجنة سنعه فقا سنعا ولك اللبن
ان الجاهام اداء الاشه فاده في القرة بكلا و دها ايتنوى الجحين يرس كلى الا لا شارة الا ايشارة وقال المعص
من رحم القرة يشح في اعم النا بح تجده عن الجهل السده عبال البدر فان نية فان اتي من لافات
كالجاردوعبر كركدن جيوان من جده العبل خلخه خلده الثوراقر الاه اعط اسه جاح
وهوى العض صاد في جعله معاب جمع الحيوانات الهند علي ارسه قرن الجحا دادا الابيط
الاشنا جل ابه الجنا محا حز الى وجه و ضعه وزاع الجنا لهم و من الجنا له جمع بين الحاضر و القرو السير لكرك

جاه قرب تهادوا هوالى القر الحيوانات عدد ايا عبيتر شح ما يسنه و هحان شحوه و دون دعقه و من جله ذلك
شهس دعم المدارلكرك اذاكان رابا ما اذا كان ادع ابرعي ملك البلاد سا ما الحيوان ازاري النبل الت سد
وراله وحري بطنه قرنده و يقوم علي جله و دون ابل الح النبل يجح علي اسلام قوت النبل و دم النبل بعض الكركن ولا
بقوله ال سى الجوانات قالوا الجمل يعز اسلا مسه قوت النبل و دم الشرعى حتا الناحه و تنف حتا الشرعى حتا الناحه و حلب
فده الاخاخ الغاذ الغاذ خاصه احرامه والراعى فا ل شعبه انحاء هجا الكحاء الفرلطك
اسه هذا هذا ها وجعله وجعله دان شكل فارسر من ذوها ذلك الشعبه اعداءا ل ها هذا

Karkadann
卡尔卡丹

Karkadann 有很多种说法，也被叫作 Karg、Karkaddan、Kardunn、Karkanda、Karkadān、Karkadan、Kazkazān、Kargadan、Karkand 或 Karakand。有人认为这些词可能源自梵文 खड्ग，意为剑或者犀牛。

卡尔卡丹是伊斯兰教地区熟知的一种独角兽，一般将它称为最凶猛、最可怕的野兽，也是一种暴躁的动物。它有很强的领地意识，除了环颈斑鸠之外，它无法忍受另一种动物出现在距离自己一百帕勒桑的范围之内。

卡尔卡丹和大象是宿敌，当它发现大象在附近出没时，会用树干磨利自己的独角，然后用尖利的角攻击大象的腹部，杀死大象。但这也使它无法拨出自己的角，大象的油脂会融化，顺着角流进它的眼睛，使它失明，无法视物的它只有躺在岸边。这时巨鸟 Rukh 会出现，将卡尔卡丹和大象尸体一同带走，带回巢穴喂它的幼鸟。

6—14： 1280年版的扎卡利亚·伊本·穆罕默
德·卡兹维尼所著的《创造的奇迹》
中的 Shādhavār。

6-14

Shādhavār

Shādhavār，也被叫作 āras 等等，关于这种动物的记载，最早的文本可能是8世纪阿拉伯学者贾比尔·伊本·哈扬（Jabir ibn Hayyan）的记载，他将这种动物称之为 āras。据他记载，古希腊哲学家柏拉图曾经捕获过一只 āras，这只 āras 的角被他的家族保存了下来，一直流传到了贾比尔·伊本·哈扬所在的时代。

卡兹维尼（al-Qazwini）和达米里（al-Damiri）的著作中也记载了这种动物，卡兹维尼称之为 Shādhavār，在他的《创造的奇迹》中，这种动物主要分布在 Rūm 地区，Rūm 是阿拉伯人对东罗马的称呼，也可以泛指整个欧洲。Shādhavār 是一种类似瞪羚的动物，它的头上长有一只独角，这只独角里面是空心的，上面有42个分支，这使它成了一件乐器。当风吹过时，这只角会发出优美的乐声，这时其他生物会聚集在 Shādhavār 身边倾听音乐。

这种特质也为 Shādhavār 召来了杀身之祸。人们将它捕杀之后，

< 228

会将角献给国王，为国王演奏音乐。这只角朝着某个方向转动时，会发出快乐的乐声，当朝着另一个方向转动时，会发出悲伤的乐声。

在达米里的记载中，Shādhavār角上的分支增加到了72个，因为72这个数字在伊斯兰教中有着特殊的意义。在穆斯塔菲（Al-Mustawfi）的记载中，Shādhavār和另一种食肉动物产生了混淆，这种动物叫作sīrānis，是类似于狼的生物，在它的鼻子上有12个孔洞，能够发出乐声以诱捕猎物。

福楼拜在《圣安东尼的诱惑》中提到了一种叫作sadhuzag的动物，这种动物长得像黑色的雄鹿，头像是公牛的头，在耳朵之间长有鹿角，上有74个分支。当它将角面对南风时，这些角能够发出欢悦的乐声，吸引来其他动物；当它将角面对北风时，这些角会发出可怕的尖叫。

6-15

Mi'raj
米拉吉

Mi'raj 是中东传说中的一种长角的兔子，也被写作 Miraj 或者 Mirag。这个词的字面意思是阶梯，常常被理解、引申为提升。在某种宗教中，这个词常用于描述先知穆罕默德前往天堂并接受真主训诫的事件，也就是所谓的登霄。

米拉吉往往被描述为长得像野兔，有一身黄色的皮毛，在前额长有独角，其他所有的野生动物都会试图远离它。在卡兹维尼的《创造的奇迹》中，Jazīratal-Tinnīn 岛，即龙岛，亚历山大 Iskandar 在杀掉了一条龙之后，龙岛的居民将米拉吉献给了亚历山大作为谢礼。

< 230

6—15：　1280年版的扎卡利亚·伊本·穆罕默
　　　　德·卡兹维尼所著的《创造的奇迹》
　　　　中的 Mi'raj。

Sināḍ

在卡兹维尼的《创造的奇迹》中记载了一种叫作 sināḍ 的动物，这种动物在土耳其版的《创造的奇迹》中被翻译为 sināḍ。

其中讲到，这种动物的栖息地在印度，看起来非常像大象，但是体型略小，传说它的额头或者鼻子上长有一只角。它另一个突出的特点就是舌头，舌头上布满棘刺，能够将动物的肉从骨头上舔下来。这种特性在对抗自然界的敌人时有利，但母兽会因为母性本能的驱使，下意识地舔犊，使幼崽被活活剥皮，也产生了这种动物会吞食幼崽的传说。为了保护自己，它的幼崽在成长到足够强壮之前，都会待在母体里，不过会从母体内伸出头来吃树叶和草。

《创造的奇迹》也流传到了印度，不同于中东的版本，在印度版中，这种动物往往会被绘制成牛或者猛兽状的样子。在《马可波

الامراة لا بحل حصننه نشوي وتوكل مريحل امرآه اعدیان اَلننا ارَنال کَنه
الماشي الى نیافه لا نبیت وَالشوى فیعی مريحله كبیداواره کنه مریحد کبتَ
الیسري وخاصاره مارة بعليها جلاءتف دیبنه ونط فاذااحس علیه صاحبه نغول شكرا المه
مادام علیه دنبه بلنزم قریکم لاینمها اقال دنغع ان الامراة اذااطعلى یبول لدبا لاجبل
ابداوان بمت صاحبه لقولهمرن جمع شیها انفتح مع الجال وقال لنیاتر الحكارشد
مرمذا البل علی صاحبه فی صاحبه لقولهم سنفر ورعااجد حرنه ناد حیوان علی صنه النبل
الا ادهاصح حتی اسد واعطم التور واذا ارادا اکشن الیسناد ام الشبی ماالولد راسه من الحم قبل
ان لفسفه وربع فاداهن القندهذه هب لا الم عاندا ما لحنه لمکانا فتقلده فان اشاها لها هل الشوک

علی ابوالحجان الحواری دیارض لمط حیوان ارعبج راسه بمجرا لم اسامو ری الحش
وبعدوای کاسیه لخرج الاعدان وهو ی مرنت آلسین لم ی العو دان عرت جلمه
مجتبت والوب وذلك ان لیمان لم احس نوی ابان دبع لدکنده حنی دکنند حی عجاز الجع علیه
سنجار حیوان کالفار الاداک بمجراسه شعر می علیه العوبه معلر
جلده القرآب لبسها المنغ دورجلا یبارالقرآب
لحد دطع لننون دول جرمنه
واصل من ی ماصبه بار اض
الدوار دبه سفعه سقداما الله المغر

6—16： 1280年版的扎卡利亚·伊本·穆罕默
德·卡兹维尼所著的《创造的奇迹》
中的 Sinād。

惊奇与怪异．域外世界怪物志

罗行记》中也提到了类似的生物，栖息地在巴思马（Basma），巴思马在现在的苏门答腊北部，当时是当地的小王国。这种生物和欧洲想象的独角兽完全不一样，它们样貌丑陋，生活在泥泞之中，前额上长有一只角，最厉害的武器是它的舌头。

< 234

6—17： 拜占庭诗人曼纽尔·菲尔斯的长诗
《动物之特征》的1564年版手抄本中
的狮鹫形象。

6-17

Griffin
狮鹫

Griffin，也叫作 Griffon、Gryphon，它的名称来源可能和希腊语中的 γρυπός 一词有关，这个词的意思是弯曲或者钩住。考虑到狮鹫传说的起源地区，这个词语也可能是传说经安纳托利亚传入之后，安纳托利亚当地语言的借词。

狮鹫往往被表现为兼具狮子和鹰的特征，关于它的形象，大普林尼在《自然志》中提到了它长有可怕的、弯曲的鸟喙。圣伊西多尔在《词源》中提到狮鹫既是羽族，又是四足动物，它的身体像狮子一样，长有鹰一样的翅膀和面部。它和马匹是宿敌，还会攻击任何进入它视线范围内的人类。虽然传说中狮鹫和马是宿敌，但从古希腊起，就出现了兼具狮鹫和马特征的形象，意大利中世纪诗人阿里奥斯托在《疯狂的奥兰多》中将这种形象命名为骏鹰。人们进一步解释道，骏鹰是狮鹫和马结合之后的产物，它的头部、爪子和翅膀继承自狮鹫。

巴特洛迈乌斯·安戈里克斯的《物之属性》中提到，狮鹫是一种可以飞行的生物，长有四足，它的头部和翅膀长得像鹰，身体的其他部位长得像狮子。它栖息在终北的希伯波里安山中，是人类和马匹最具威胁的敌人，使他们惶恐不安。它会在自己巢穴中放上一块祖母绿来驱散山中的毒物，不让它们靠近自己的巢穴。圣巴塞洛缪延续了巴特洛迈乌斯·安戈里克斯的说法，不过在它这里，狮鹫具有了收集、囤积宝石的特性。

说到狮鹫囤积宝石，最早的文本记载可能还是希罗多德的《历史》。书中提到了西徐亚北部的里菲山下生活着一群外形特异的部族，他在额头中间长着一只独眼，会从狮鹫那里盗取黄金，并且和狮鹫战斗。狮鹫喜欢黄金、财宝的传说，可能是由于斯基泰人常用黄金制作带有狮鹫形象的器具，希腊人对此产生了误解，同时也由于希腊人对斯基泰人的偏见，将他们编造为盗取黄金的人。

大菲洛斯特拉托斯在《提阿纳人阿波罗尼奥斯传》中提到了狮鹫是如何获得黄金的。他说这种动物的喙非常坚硬，所以可以开采金矿。他还说这种动物分布在印度，虽然它比龙和象都要强大，但是飞行能力有限，只能有短期滑翔。它的脚掌上长有红色的膜，它可以通过转动自己的脚，在半空中飞起或者打斗。

《马可·波罗游记》中在讲到马达加斯加时也提到了狮鹫。在某些南方小岛，船只是无法前往的，有洋流阻止它们回航，那里被发现有狮鹫出没。它们会在某些季节出现，长得就像一只老鹰，但是有着巨大的身体。它的翼展有三十步长，身上的羽毛能够长达12步。它的力气很大，能够直接抓起一头大象，飞到半空中扔下来，将大象摔得粉碎。岛屿上的住民将它称为 Ruc，Ruc 也就是 Rukh、Roc，是阿拉伯传说中的一种巨鸟，并不具有狮子的形象。国内会将它翻译为大鹏，也许狮鹫和阿拉伯大鹏确实存在某种演变和联系。他们传说诞生的地区相近，不仅是这种传说生物，犹太神话中的巨鸟栖枝，苏美尔神话中的安祖鸟，希腊神话中的菲尼克斯，亚述神话中的拉玛苏，伊朗神话中的天堂鸟，乃至于印度神话中的迦楼罗可能都存在某种程度的渊源。

在《约翰·曼德维尔爵士游记》中讲到，狮鹫的身体非常强壮，超过8头狮子、100头老鹰，它的爪子足够的长和大，看起来就像牛角，可以用来做成杯子。奥劳斯·马格努斯也提到了狮鹫，说它们栖息在极北的山中，捕食马匹和人类，它的指甲可以制成用来饮酒的角杯，长度和鸵鸟蛋一样。而且当时人们认为狮鹫的脚爪具有神奇的药用效能，用脚爪制成的杯子在欧洲宫廷非常受欢迎，但这些杯子实际上是由羚羊角制成的。狮鹫的羽毛和蛋也被认为具有神奇的疗效，传说羽毛可以用来恢复人的视力，而它的蛋也常常被用来制成酒杯，实际上这种酒杯是用鸵鸟蛋伪造的。

在中世纪传说中，狮鹫一生只有一位伴侣，当伴侣死亡后，狮鹫将不会再寻找新的伴侣，直到死亡，于是被教会作为反对再婚的标志。又因为它兼具飞行动物和陆地动物的特征，又被教会视为耶稣的象征，因为它既是人又是神圣的。

在纹章学中，狮鹫兼具狮子和鹰的特征，意味着魄力和勇气的结合，被用来象征强大的军事力量，优秀的领导能力，图像上往往是鹰的头，耳朵处有时被描绘为狮子的耳朵，有时是尖耸的羽毛，或者是角，胸前长有丰满的羽毛，前肢是鹰的爪子，身体余下的部分表现为狮子的特征。也有被描绘没有翅膀的狮鹫，在15世纪以后，这种形式纹章被称为 alce 或 keythong。在英国的纹章中，雄性的狮鹫也会被描绘为没有翅膀，身上长满成簇的、尖锐的羽刺，头上长有独角，而雌性狮鹫长有翅膀的情况更加常见。

Caladrius
卡拉德里奥斯鸟

在罗马神话中，卡拉德里奥斯鸟是一种浑身羽毛都是雪白的鸟，没有一点黑色的斑点，也被叫作 Icterus、Dhalion、Kaladriy、Kalander、Grange、Haradra。在不同的文献中对它的描写各有不同，有时它像是一只白鹦鹉，或者一只啄木鸟、鸽子、苍鹭，甚至一只海鸥，也有学者考证它的原型可以是某种鸻科鸟。

卡拉德里奥斯鸟被认为是一种对人的疾病具有不可思议治愈能力的鸟类。在早期，人们主要认为它能够治愈人的黄疸病，从病人的眼睛里将黄疸病吸引进自己的体内，但会对自己的身体造成损害，所以它遇到黄疸病人会闭着眼睛转身走开。在公元3世纪成书的《De natura animalium》中也提到了卡拉德里奥斯鸟对黄疸病神奇的治愈能力，不过是通过人和鸟之间相互凝视，并没有提到疾病对鸟身体的影响。菲利普·德·索翁（Philippe de Thaon）在《动物寓言集》中说这种鸟长得像海鸥，而且浑身雪白。《申命记》中提到它非常珍贵，不能作为食物，往往出现在国王的宫廷中，

< 240

6—18： 英国《动物寓言集》中的卡拉德里奥
斯鸟，书籍的年代大概是1225—1250
年期间。

如果盲人将它的骨髓涂抹在自己的眼睛上，那么他的失明就能够得到治愈。12世纪的修士洪诺留·奥顿（Honorius d'Autun）记载，卡拉德里奥斯鸟会从病人张开的嘴中喝下疾病，一直向上飞，直到靠近太阳，太阳的光热使疾病通过汗液从它身上排出。13世纪的《罗切斯特动物寓言集》中记载，卡拉德里奥斯鸟是一种周身白色的天鹅，有着长长的脖子，它的粪便能够治疗失明，它往往在王国的庭院中出现。当一个人生病了，可以通过卡拉德里奥斯鸟来进行诊断他是否会死亡：如果他注定死亡，卡拉德里奥斯鸟会侧过头不看他；如果他命不该绝，卡拉德里奥斯鸟会面对他，将他的疾病全部带走，向着太阳飞去，让太阳的光热燃尽疾病，使他得到救治。

因为传说的逐渐演变，卡拉德里奥斯鸟也被基督教作为了基督的象征。它周身洁白，象征着基督的圣洁，它带走人的疾病就像基督背负了人的原罪，使人得到了救赎。对于不愿悔改的罪人，它则转过脸去，这种特性则被用来批判犹太人，因为犹太人不信基督，所以卡拉德里奥斯鸟不会带走他们的疾病，就像他们的罪不会被基督救赎。

Von den Vöglen.

Oryolus sindt Vögel/ welche nach dem thon jres geschreis/ welches also lautet/ mit solchem namen genant sind/ wie Plinius schreibt/ schön gold farb/ allein dz sie an flüglin mit gelber farb vermengt oder gesprengt. Diese vögel sindt der art vnd geschlecht der Spechten. Diser vogel pflegt jm von wollen vnd haren ein solchs küstlichs nest zumachen vnd zubereitten/ das sich einem recht gutten schatz vergleiche/ solchs nest befftet er an/ an dünne nestlin oder zweiglin/ das er frei inn der lufft schwebe.

Von dem Buchstaben P.

Der Vogel Pellicanus.

Pellicanus soll ein Vogel sein/ der inn Egypten lande sich erhalte/ bei dem fluß Nilio/ am gestaden/ vnd sollen diese Vögel oder Pellicanen zweierlei art vnd geschlecht sein/ das ein so im wasser sich erhaltet von fischen/ vnnd das ander das sich inn der wildtnuß/ von gifftigem gewürm vnd vngezyfer ernehret vnd speiset. Diser Vogel soll sonderlichen begierlich sein der milch des Crocodillen/ welche von jhm schiesset auff den gelben letten/ darumb dieser Vogel dem Crocodillen allezeit volgen soll/ man schreibt auch weitter/ das dieser Vogel seine jungen/ wenn sie jhme verhäßlich odder verdräßlich sindt ertödten soll/ wenn jr aber solchs gereuwet/ vnd er jrer mangler/ soll er sich selber an der brust verwunden/ vnd mitt seinem eignen blut widergequicken vnd lebendig machen. Solcher massen soll er sie auch widerumb auffbringen/ wenn sie von Schlangen gebissen werden/ der soll er solcher vergiessung des blutes/ soll er also bestig geschwecht vnnd krafftloß werden/ das er im nest bleib/ vnd die jungen hungers halben auffgetrieben werden/ sich sampt der mutter zu speisen vnd ernehren. So denn etliche vnder jhnen/ welche der mutter wenig achten/ vnd den speiß zubringen/ die verstosser sie hernach vonn sich/ wenn sie widerumb zu kreffen kompt/ die andern führt sie mit sich auß zu der speiß/ aber solches haltet man mehr für ein Fabel/ denn für ein gewiß vnnd warhafftige Histori. Denn solches niemand jhe gesehen oder erfaren hat.

Porficium soll ein wunderbarlicher seltzamer Vogel sein/ soll einen breitten genß fuß haben/ darmit er auff dem wasser möge schwimmen/ aber der ander fuß sei jhme inn den kloen zerspalten/ wie den anderen Vöglein/ so auff der Erden hupffen/ vnnder allen Vöglen/ soll dieser Vogel auch inn sonderheit die art haben/ das er mit einem fuß wasser fasse/ vnnd dasselbig darauß drincke/ sollichen fuß braucht er auch darmit die speiß einzuschieben/ als mitt einer hande/ vnnd soll zu jedem mundt voll einmal trincken/ sunst mag er die speiß nicht wol verdeuwen/ von der blödigkeit wegen dieses Appetites. Die besten dieser Vogel/ so fürnemlichen erwölet werden/ sollen auch haben einen grossen schnabel/ vnnd auch

starcke

Pelican
鹈鹕

大普林尼的《自然志》中提到了鹈鹕，他说鹈鹕是一种不知足的动物，在他的喉咙里长着第二个胃，在里面存放着食物。当这个胃装满了之后，它们会从中将食物取出，送到真正的胃里。

对鹈鹕的贪吃，《阿伯丁动物寓言集》有不同的说法。其中说道，隐修士的生活其实是模仿自鹈鹕，他们依靠面包生存，但不会刻意寻求填饱肚子；他们不是为了吃而活，而是为了活而吃。

圣伊西多尔的《词源》中说，鹈鹕产自埃及，栖息在尼罗河的幽静处。它会杀死自己的幼崽，然后在接下来的三天里哀悼，之后会啄伤自己，用自己的血液将幼崽复活。

纪尧姆·勒克雷的《动物寓言集》中提到，鹈鹕它栖息在尼罗河一带。一些历史文献中记载，存在两种鹈鹕，一种栖息在河中，只吃鱼；另一种栖息在沙漠中，只吃昆虫和蠕虫。鹈鹕对自己幼崽的关爱比母羊对羊羔的关爱更甚，当幼崽出生之后，鹈鹕会全身心地投入到对幼崽的照料中，但幼崽并不会因此感恩；当幼崽羽翼渐丰时，它们会用喙攻击父亲的脸。鹈鹕父亲被这种忘恩负义的行为激怒，把这些忘恩负义的家伙全部杀死，并离开尸体。三天之后，鹈鹕父亲怀着沉痛和怜悯的心情回到尸体身边，用喙啄自己的身体，直到血液流出。通过血液，这些后代得以复活。

巴特洛迈乌斯·安戈里克斯的《物之属性》中记载，鹈鹕是一种分布在埃及的鸟，它们栖息在尼罗河的沙漠中。它们吃东西时，会将脚浸入水中，然后用脚将食物塞进嘴里，就像在用手一样。世上只有两种鸟类能够这样灵活地使用自己脚，一种是鹈鹕，另一种是鹦鹉。鹈鹕非常关爱自己的孩子，这使她的孩子们变得傲慢，并且会啄父母的脸。鹈鹕母亲不得不杀死孩子们，在第三天，鹈鹕母亲会啄开自己的身体，放出热血，将血释放到死去孩子的尸体上，凭借母亲的血，这些小鹈鹕重生。巴特洛迈乌斯·安戈里克斯又引用了雅克·德·维特里的《东方奇迹》中的说法，蛇非常喜欢捕猎鹈鹕，它会趁母鸟外出觅食时进入巢穴，将幼鸟全部杀死，母鸟回到巢穴中发现幼鸟死亡会悲伤三天，之后它会啄开自己的胸膛，让血滴落到幼鸟尸体上，将幼鸟从死亡那里夺回来。失血的母鸟变得虚弱，幼鸟不得不自己外出觅食，其中一些会将食物带回来，喂养母鸟，另一些则不会。这一切都被母鸟牢记在心，当它恢复体力之后，将那些赡养它的留在身边，其余的通通赶走。

因为这种用自己血来复活后代的传说，鹈鹕在纹章学中被认为是象征着自我牺牲和奉献的慈爱精神。基督教的观念中也会将鹈鹕比作耶稣基督，它受到后代的攻击，就像耶稣受到罪人的陷害，它啄开自己的胸膛就像耶稣被钉上十字架受难，他流出鲜血使信者得到拯救。

6—20： 约翰·阿什顿在1890年所著的《奇怪
动物百科》中的藤壶鹅画像。

6-20

Barnacle Goose
藤壶鹅

藤壶鹅的传说大概起源于11世纪，直到17世纪还有流传。威尔士历史作家杰拉德在1187年的著作中描述了这种奇妙的生物，他说有一种叫作 Bernacæ 的鸟类，它们出生的方式在自然造就下显得非常与众不同。它们长得就像沼泽鹅，但是体型更小，像藤壶一样附着在漂浮在海上的浮木上，一般是杉木。它们周身被坚硬的贝壳包围，头像海草一样悬垂着，从浮木和海洋中获取养分。随着时间的推移，它们开始长出羽毛，并从浮木上脱落下来，有些在水面上游动，有些振翅高飞而去。

藤壶鹅的卵不像其他鸟类那样是由交配受精产下，更像是从浮木上生长出来，也不需要像其他鸟类那样孵卵，这可能是最早对藤壶鹅的记载了。与后世不同，这里生成藤壶鹅的是海中的浮木，而后世对藤壶鹅的描绘中，常常将图像绘制成藤壶鹅是从海边的树生长而成的，就像植生羊。

< 248

也确实可能是植生羊的传说对藤壶鹅的传说产生了影响，在《曼德维尔爵士游记》中就记载了这种变化。其中讲到在爱尔兰海的岸上生长着一种树，它的果实就像葫芦，果实会在合适时期内落入水中，成长为藤壶鹅。瑞典神学家奥劳斯·玛格努斯在自己的海图中也绘制了这种生物，并且补充道，果实掉入水中不久之后就会长出翅膀，飞入家养或者野生的鹅群中。文艺复兴时期，德国数学家塞巴斯丁·缪斯特认为这种鸟叫作树鹅，生长在苏格兰以北的波莫纳岛上。接下来的是文艺复兴时期英国的历史学家威廉·卡姆登的发言，他直接否定了藤壶鹅生长在浮木或者树上的传闻，认为那是因为人们找不到这种鸟的巢穴和蛋而编造的传说。中世纪时期，人们注意到从北极迁徙到英伦三岛的藤壶鹅会聚集在浮木上，看起来就像是从浮木中生长出来的一样。

6-21

Cinnamalogus
肉桂鸟

关于肉桂鸟的描述最早见于希罗多德的《历史》，在其中他提到了人们根本不知道肉桂究竟生长在什么地方，制作于什么地方。有些人认为肉桂生长在养育出酒神巴克斯的国度，只知道一种巨大的鸟将肉桂枝从空中带来筑巢，这种枝条的名称 cinnamon 是希腊人从腓尼基人那里学来的。这些肉桂巢被大鸟用泥筑在高高的岩石上，没有人能够爬上去。为了采集肉桂，人们用一切能够找到的动物尸体，切成大块，放到大鸟栖息的岩石附近，然后自己躲藏在暗处，等待这些鸟自动飞下来，将肉块抓回巢穴。巢穴往往不能承载肉块的重量，会散落下来，这时躲在暗处的人会趁机收集肉桂枝，售卖到其他国家。

亚里士多德在《动物志》中也提到了这种鸟，他说肉桂鸟不知道从什么地方将肉桂枝带到了高大树木顶端的细枝上筑巢，这种鸟栖息地附近的住民，会在箭头上附上重物射向鸟巢。箭头的重量会让鸟巢倾覆，这样他们就可以来收集肉桂枝了。

<   250

6—21: 英国《动物寓言集》中的肉桂鸟形
象。作者不详，成书年代大概是1225
年—1250年。

大普林尼的《自然志》中也提到了这种鸟，他说在阿拉伯半岛上有一种叫做 cinnamolgus 的鸟，这种鸟用肉桂枝筑巢，人们用铅头箭将它从巢中射下来，然后用它们贸易。同时，他很怀疑这则传说的真实性，他认为将这种鸟命名为肉桂是一种错误，并且，这则传说很可能是当地人为了隐瞒肉桂产地，提高肉桂市价而编撰的。

圣伊西多尔的《词源》中讲到，肉桂鸟得名于它们用肉桂枝筑巢的习性，它们的巢都筑在高且细弱的树枝上，人无法爬上去摘取这些巢。由于利益驱使，商人比其他任何人都希望得到肉桂，并且比其他任何人都愿意付出高额的报酬，于是有人想出办法，使用铅箭将这些巢射落下来。

肉桂的原产地在中国，随着丝绸之路的开通，流传到了波斯、两河流域，乃至欧洲等地区。在很长一段时间里，和其他香料一样，它在欧洲的售价都非常高昂。肉桂鸟的传说确实如普林尼所言，是中东商人为了垄断肉桂、抬高价格而刻意炮制出来的。

6—22： 14世纪《曼德维尔爵士游记》中的鞑靼植物羊形象。

Vegetable Lamb of Tartary
鞑靼植物羊

鞑靼植物羊也叫斯基泰羔羊、Borometz。Borometz 是欧洲人认为鞑靼语中表示羊羔的词语。它是一种根植在欧亚大陆民间的传说。

在早期，它被认为是一种水果，里面会长出羊肉，比如在14世纪的《约翰·曼德维尔爵士游记》中记载，在鞑靼有一种奇怪的水果，长得就像葫芦一样。当水果成熟之后，人们会将它采摘下来，里面生长有新鲜的羊肉，这则传说中并没有提到后来广泛流传的羊毛。

16世纪范·赫伯施泰恩也记载了相关事物，他是哈布斯堡王朝皇帝马克西米利安一世和查理五世驻俄罗斯的大使。他搜集多方资料，并认为植物羊的产地靠近里海，在乌拉尔和伏尔加河之间，看种子它可能属于瓜类，能够长到两个半英尺高。大多数时候，它的形状长得和羊羔类似，也有少数例外。据说它能够流血，但长出的并不是真正的肉，人们认为它更接近于沙果。它的蹄子和普通羊类不一样，里面没有骨干，而是由毛发长出类似的形状。包括狼在内，它是很多动物最爱的食物。

17世纪初期克劳德·杜勒特在他《植物志》（《Histoire Admirable des Plantes》）中提到，自己在很久以前读过《耶路撒冷塔木德》，其中记载了位名叫摩西的中国人认定世界上有一个特定的国家有这种兼具动物和植物特性的生物，它被称为 Yeduah。和普通植物一样，它从地里发芽，长出根茎，羊羔从茎上长出，肚脐固定在茎上，能够吃光它周围所有的植物。猎人无法用一般的手段捕获它，只有用箭头或者飞镖瞄准它和茎的连接处，将它从上面射下来。植物羊离开茎之后会匍匐在地而死，人们会将它的骨头用作占卜。人们在典籍中找到了类似的记载，不过其中记录的不是羊，而是人，据说这是13世纪叫作西缅的犹太拉比所写。《耶路撒冷塔木德》提到过一种在山中的人形生物，它依靠自己的脐带为生，如果脐带被切断，它就会死亡。这个拉比西缅又是听说自拉比梅尔，拉比梅尔说这种生物叫作 Jeduah，它就像葫芦或者瓜类一样，从地下生长出来，和人很像，长有面部、躯干和四肢。它的肚脐由茎连接到根，没有任何生物能够在它的活动范围内接近到它，它直接抓住这些生物，杀掉它们。想要杀掉这种生物，只有将它们的茎扯断。

17世纪初期，马斯·托比亚声称有人在大鞑靼地区找到了植物羊。他说大鞑靼地区桑布拉拉省的非洲人通过植物羊种子使自己富有，这种种子就像葫芦种子一样，但是大小略小，种植盛开之后，会长出羊羔一样的动物。它有看起来像是羊的四肢，皮肤柔软，毛适合用于制作服装，头上没有长角，但是缠绕的毛发看起来像角；它的肉吃起来像是鱼肉，血的味道甜得像蜜。它通过食用身体周围的植物存活，如果植物枯萎，它也会死去。

19世纪荷兰中国语言和文学教授薛力赫（Gustav Schlegel）认为，鞑靼植物羊的传说可能源自中国，它在中国的文本原型叫作水羊。和鞑靼植物羊的传说类似，水羊也兼具植物和动物的特性。它的产地在波斯，羊羔生长在植物的茎上，生来没有角，应该生长角的部位长出了两卷白色的绒毛，如果茎被切断，它就会死亡。人们会专门养殖这种生物，在它们生长的地方建立农场，发出吼声、击鼓以驱赶侵害水羊的入侵者。人们用它的毛制作精美的服饰。

同样在19世纪，亨利·李在他《鞑靼植物羊》一文中详细记录了当时欧洲对这种生物的传说，其中提到有些作者认为鞑靼植物羊是一种植物的果实，是由瓜类的种子发芽而成的。有些作者认为植物羊是活着的动物，但如果离开植物，就会死亡。传说植物羊和普通羊类一样，长有血、肉、骨，那根茎就是它的"脐带"，它通过茎从大地吸取养分，也是茎将它支撑在地面上。茎可以弯曲，这样可以使羊羔以周围的植物为食，一旦周围的植物被吃光，羊羔也会死去。这时就可以采摘下来，将它吃掉，它的血液像蜂蜜一样甜，人们用它的毛来制作衣物。除去人类，唯有狼会以它为食。

人们也不是只记录道听途说、没有试图去寻找研究这种传说中的生物。17世纪，德国植物学者恩格柏特·坎普法曾经随着大使馆人员来到波斯试图寻找这种植物羊，通过和当地居民交谈，他认为植物羊只是误传。当地人为了获取上等的柔软绒毛，会将羊胎从母羊子宫中取出，他认为羊胎毛可能被误认为是植物纤维，当地人的这种习惯可能造成了植物羊的传说。

18世纪英国的著名医生和植物学家汉斯·舒隆爵士认为这种传说生物的原型可能是蕨类植物。现代有人指出这种蕨类植物可能是金毛狗，它露出地面的部分长有金色的绒毛，看起来像丝绸一样闪亮，在中国被视为狗头状，所以称之为金毛狗，或者金毛狗脊。人们砍去它的叶子，留下四肢状的叶柄，然后让长有金毛的块茎向上充当身体，看起来确实类似于羊羔。

Mandrake
曼陀罗

曼陀罗在西方往往被视为一种具有神奇功效的植物的根，历史中的原型为地中海地区曼陀罗属植物，在流传过程中混入了不同地区的其他植物，中世纪提到曼陀罗时往往是个模糊概念。不过它有一个明确的特征：根部为人形，并且有强烈的致幻和催眠作用，所以在整个历史演变中，它和巫术密不可分。

大普林尼认为曼陀罗分为雌雄两性，雄性曼陀罗为白色，雌性曼陀罗为黑色，两种曼陀罗的叶子都比莴苣的叶子窄，其中雄性曼陀罗的叶子比雌性曼陀罗的叶子更窄。他们的茎上多绒毛，可以有一对或者三条根，这些根表面看起来是黑色的，里面是白色，肉质柔软，长度接近一腕尺。

狄奥斯科里迪斯的《药理》中记载，曼陀罗的根可以用来制作催情药，它有雌雄两性，雌性为黑色，被叫作 thridacias，有着比莴苣叶更纤长的叶子。它有浓烈的气味，标志着它有毒。它的果实是苍白色的，有甜味，形状像梨。它有两三条根，内里是白色，

6—23： 1390年版《健康全书》中的曼陀罗草
形象。

外部是厚厚的黑色表皮，根部没有茎秆。雄性曼陀罗是白色的，被称为 norion，它的叶子更大，更宽，像甜菜的叶面一样光滑。它的果实是雌性曼陀罗的两倍大，是藏红花色，有香甜的味道。根和雌性的类似，但是更大，也更苍白。人们将根部的表皮和果实在新鲜时榨汁，贮存在陶罐中，不过这样会使曼陀罗的药效衰减，所以也有人会将曼陀罗根的表皮剥下，串起来，挂在贮藏室中；还有人会用葡萄酒熬煮曼陀罗根，直到三份煮成一份，然后用陶罐贮存起来。曼陀罗药剂主要用于治疗失眠，或者重伤需要麻醉的人。在蜂蜜水中加入20颗曼陀罗药剂可以让人排出痰和黑胆汁。直接服用5颗曼陀罗药剂可以帮助排出月经，或者堕胎。只要将它的根和象牙一起煮上5个小时，象牙就会被软化，变得可以随意塑型。

到了中世纪，曼陀罗的传说更加奇异。曼陀罗在德国被称为小绞刑人，这是因为中世纪的人们认为，它是由绞刑架上的人的汗水、尿液、粪便或者精液滴在地上孕育而出的。传说曼陀罗在夜晚会发出光芒，当不洁的人靠近它时，它会逃跑，所以一旦发现它，就要迅速用铁器围成一圈，插进地面，但不能让铁器碰到它。曼陀罗被拔出地面时会发出尖叫，这种尖叫能够使听到的生物死亡，所以人们往往会用狗来采集曼陀罗：先将狗饿上三天，然后把狗拴在曼陀罗上，自己堵上耳朵，在远离狗的地方放上肉或者面包，利用狗饥饿求食的冲动，将曼陀罗从地下拔出，狗在曼陀罗的尖叫声中死去。

6—24： 牛津《动物寓言集》中的佩里德西翁
树，书籍制作年代约为1220年。

Peridexion Tree
佩里德西翁树

根据传说，佩里德西翁树生长在印度，是一种常绿植物，全年都能够开花和结果。它的果实甜美爽口，是鸽子的最爱。为了吃到这种果实，鸽子会直接栖息在树上。这样就引来了鸽子的捕食者——龙，不过龙惧怕这种树的树荫，当树荫朝向西边时，龙就会转向树的东边；当树荫朝向东边时，龙就会转向树的西边。留在树荫中的鸽子是安全的，一旦鸽子尝试离开，失去了树荫的庇护，就会被龙捕捉并吃掉。

这则寓言的文本最早可以追溯到公元2世纪用希腊文编纂的《生理论》。《生理论》的作者不详，往往以动物、植物的特质作为象征，宣扬基督信仰体系下的道德准则，是之后诸多版本的"动物寓言集"的先肇，诸多"动物寓言集"中的内容都可以追溯到这部书。书中将鸽子比作虔诚的基督徒，耶稣比作树的右半部分，圣灵比作树的左半部分，龙比作魔鬼。龙会惧怕树荫是因为恶魔会惧怕圣子和圣灵，只要基督徒留在圣子和圣灵的庇护之下，也

< 262

就是留在教会中，魔鬼便不敢接近基督徒；但是一旦基督徒离开了教会的庇护，恶魔就会找上门来。

这则寓言到了12世纪的《阿伯丁动物寓言集》中产生了一些变化，其中将树比作上帝，树荫比作圣子，果实比作上帝的智慧，也就是圣灵。

有认为这则寓言源自马太福音第十三章31节和32节中所讲的芥菜种，文中说天国好像一粒芥菜种，有人拿去种在田里。这原是百种里最小的；等到长起来，却比各样的菜都大，且成了树，天上的飞鸟来宿在它的枝上。马可福音第四章30节到32节中也提到了这种比喻，神的国……好像一粒芥菜种，种在地里的时候，虽比地上的百种都小，但种上以后，就长起来，比各样的菜都大，又长出大枝来；甚至天上的飞鸟，可以宿在它的荫下。不过人们在解经时往往将天上的飞鸟理解为撒旦，树荫理解为教会，意指教会过度发展，就会将恶魔引入其中。

也有人认为这则寓言源自大普林尼和狄奥斯科里迪斯，他们都提到了一种叫作 ash-tree 的树，它对蛇有一种非常神奇的影响，蛇非常惧怕这种树，碰到这种树会迅速逃开，甚至会吓得飞起来。如果一定要在这种树的树荫下爬行和火焰中爬行之间选择，蛇会毫不犹豫地选择后者。将这种树的树叶和酒混合能制成功效强大的解毒剂。

佩里德西翁树往往被中世纪的绘师绘制成枝叶弯曲交织但对称的图案，因为 Peridéxion 一词可能源自古希腊语，这个词的大概意思可能是从两个不同方向围成圆这种完美的图案，和中世纪时期的生命之树图案非常接近。加上树上的果实、树附近的龙，有人认为这种图案也是生命之树图案的变体之一。

< 264

6—25： 乌利塞·阿尔德罗万迪的《怪物志》
　　　　中的双足飞龙形象。

6-25

Wyvern
双足飞龙

双足飞龙是欧洲常见的一种传说生物，出现在纹章上、节日庆典的怪兽装扮、店铺的招牌中等等。作为一种怪兽形象，它在欧洲民间渗透很深，一般认为它有着龙的头，一对翅膀，两条腿，蜥蜴之类爬虫一般的身体，尾巴尖端是菱形的，更常见的是带倒刺的箭头状。想象中的海生双足飞龙，尾巴的尖端是尾鳍状的。

将 Wyvern 定义为双足飞龙主要源自英伦三岛地区，Wyvern 一词源自古英语 wyver，wyver 又源自古法语 wivre，最终追溯到拉丁语 viper，意为毒蛇，它在中世纪动物寓言集中的形象就是双足双翼，Wyvern 的形象可能就是承袭自 viper。因为源自英伦三岛，往往只有这个地区才会对双足飞龙和四足龙进行严格区分；加之欧洲自古以来龙蛇不分，所以在欧洲其他地区，人们往往统称之为龙。

双足飞龙在欧洲的纹章、标志上非常常见，药剂师将它作为疾病的象征，被医学的守护神阿波罗战胜，这是化用了阿波罗战胜德尔菲的巨龙皮同的神话。曾经一统英格兰的韦塞克斯王国也使用过双足飞龙作为旗帜的符号。

Tarasque
塔拉斯克之龙

塔拉斯克之龙是法国南部普罗旺斯地区流传的怪物传说，有不同的版本，其中影响最深、并且流传至今的是被圣玛尔达降服的故事。

《金色传奇》中记载，圣玛尔达在耶稣受难之后离开了犹太地，和她的妹妹玛丽、她的兄弟拉撒路一起来到了法国的普罗旺斯，听闻尼尔鲁克村的村民受到怪物的侵扰，于是立志降服这头怪物。

这只怪物叫作塔拉斯克，传说中它来自安纳托利亚中部的加拉太，是利维坦和博纳肯交合之后产下的后代。它长着狮子一样的头颅，有六条腿，每条腿都像熊腿一样粗壮；它的身体壮得像牛，背上覆盖着坚硬的龟甲，尾巴上长满鳞甲，尾尖上有蝎子一般的螯刺。另外的文本认为，这头怪物栖息在阿尔勒和阿维尼翁之间的一处沼泽中，身体一半是兽类、一半是鱼，身宽超过公牛，身长超过

6—26： 1744年5月7日马德里举行的彩车游
行，匿名画家用蛋彩画将塔拉斯克之
龙的游行场景记录了下来。

牡马，牙齿比剑刃还锋利、比犄角还要大。它平日潜在水中，将路过的人和船拖入水中捕猎。

尼尔鲁克的国王曾经派遣骑士和弩炮对塔拉斯克进行征讨，但是无功而返。圣玛尔达则没有使用武力，她来到沼泽中，手里拿着十字架，把圣水洒在怪物身上，用赞美诗和祈祷来感召它，使它驯服，之后用自己的腰带系在怪物脖子上，领着它来到城里。怪兽在城镇中引起了骚乱，长久的恐慌和怨怼让住民见到它之后就失去理性，一齐将它杀死了，但怪物在遇到人们袭击时并没有反抗。由此圣玛尔达向人们布道，使人们归信基督，人们也将城镇的名字改为 Tarascon。

类似于塔拉斯克之龙的传说在法国、西班牙广泛存在，这种怪物形象在西班牙被称为 cuca ferra，在葡萄牙被称为 coco，都是背负着坚硬龟壳的形象。不过故事的原型可能还是回溯到安条克，传说当地的异教祭司埃德修斯有一个女儿叫作玛丽娜，母亲在她小的时候就去世了，不过她还是跟随母亲信仰基督，发誓为基督守贞，长大后由于拒绝罗马总督的求爱和改变信仰被囚禁。在狱中她遭遇到了撒旦的几次挑衅，其中一次是撒旦幻化成龙将她吞噬，而她用十字架顶破龙的肚腹，使自己脱困。虽然这段传说太过于离奇，但民间往往将她的形象塑造成站在龙背上的少女，这种形象和圣玛尔达在民间流传的形象非常相似，可能是受到贞女玛丽娜传说的影响才诞生了圣玛尔达的传说。

而贞女玛丽娜似乎也并不是从基督教直接起源的，可能是希腊、近东女神信仰被基督化之后，演变出的圣徒传说。Marina 一词对应的希腊语为 Pelagia，意为来自大海的，她的东正教版本叫作 Margarita，意为珍珠。所以有学者认为贞女玛丽娜的传说原型可能是诞生自大海的阿芙洛狄忒，阿芙洛狄忒与众多的近东女神存在源流关系，而塔拉斯克之龙可能就源自近东神话中的深渊海怪。这种海怪往往是女神的眷兽、后代，或者就是女神自身。

Y Ddraig Goch
威尔士红龙

Y Ddraig Goch 是威尔士语，意思是红龙，现在是威尔士的象征。关于它的记载据说出现在9世纪内尼厄斯的著作《不列颠人的历史》中，以及14世纪的《马比诺吉昂》中。其中《不列颠人的历史》虽然成书年代更早，但记载的是红龙故事的后半段；《马比诺吉昂》成书年代晚，但在故事中解释了红龙和白龙的来历。

《马比诺吉昂》中讲到路得王（Lludd）时期，每年五月都会有可怕的叫声，这种叫声使妇女流产、动物不孕、植物枯萎、土地荒芜。路得王没有办法，只有找到他在法国的兄弟李瓦（Llefelys），李瓦告诉他这种叫声源自一头红龙，是它和外来的白龙争斗时发出的悲鸣。李瓦建议路得王在不列颠的中心地区挖一个坑，里面倒满蜂蜜，在坑上盖上布。入夜，红龙和白龙厮杀疲倦了之后，被蜂蜜吸引到坑中，吃饱了蜂蜜之后昏昏入睡。这时路得王命人用布料将两头龙包裹起来，放入石棺之中埋在史诺多尼亚的 Dinas Emrys。

< 272

6—27： 蒙茅斯的杰弗里所著的《不列颠诸王史》中的伏提庚王以及红龙与白龙。

《不列颠人的历史》中说到，到了伏提庚王的时代，因为撒克逊人起兵，伏提庚退守到了威尔士，想要在史诺多尼亚的 Dinas Emrys 修建城堡，但是城堡每天建好的部分都会在半夜消失，遇到了这种怪事，伏提庚王只好去询问巫师，巫师告诉他需要找到一个没有亲生父亲的男孩献祭，将他的血洒在这片土地上才能建成城堡。伏提庚王找来找去，最终在安布罗斯找到了这样一个男孩。但是男孩当面驳斥了巫师，并且告诉了伏提庚王红龙与白龙的故事。于是伏提庚王下令挖开地面，释放出红龙与白龙，两条龙继续争斗，这一次红龙终于战胜了白龙。而这个安布罗斯男孩，就是后来的梅林。男孩告诉伏提庚王，白龙象征撒克逊人，红龙是伏提庚王的子民，红龙战胜白龙预言着伏提庚王的子民终将赶走撒克逊人。

DE SERPENTIBVS QVORVM NO-
MINA INCIPIVNT A LITERA B.

DE BASILISCO.

B.   30

BASILISCVS Græcè, Latinè dí-
citur Regulus, eò quòd rex fer-
pentium fit: adeò vt eum viden
tes fugiant, quia olfactu fuo eos necat,
Ifidorus. Dicitur Regulus quia corona-
tum habet caput, Auicenna. Bafilifcus
appellatur genus ferpentis, vel quòd in
capite habeat album inftar diadematis,
vel quòd reliqua ferpentum genera vim
eius fugiant, Feftus. Sunt idem Bafili-
fcus & Regulus, qui fic vocatur, quia ha
bet in capite maculam albam inftar coro
næ, vel quia cæteri ferpentes fugiunt e-
ius venenū, & interfecti ab eo nunquam
curantur, Ferdinandus Ponzettus. Ba-
filifcus Græca dictio regulum vel tyran-
num fignificat, quod inftar regis omni-
bus animalibus fit terrori: vel quòd in o-
mnes tyrannidem & fæuitiam exerceat,
Spiegelius. Regulus qui & Bafilifcus,
Andromachus. ¶ Sibilus quoque idem eft qui & regulus. Sibilo enim occidit antequam mor-
deat vel exurat, Ifidorus. ¶ Hebraicè צפע & צפעוני Regulus aut Bafilifcus, Ief.14.& Ierem.8.
Pagninus. Bafilifcus Hebraicè vt Munfterus in trilingui habet צפע Pethen. צפעוני Churmam.

6—28： 康拉德·格斯纳的《动物志》中的巴
吉里斯克形象。

Basilisk
巴吉里斯克

Basilisk 一词源自希腊语 βασιλίσκος，意为小国王。说它小是因为它的体型小，长度不超过12根手指；说它是国王，是因为它头上有一个冠状的突起或者白色的斑点，其余和蛇的形象差异不大。它被视为众蛇之王，轻轻一瞥，就能够夺走一条生命。传说公鸡下的蛋，被蛇或者蟾蜍孵化，才会诞生出巴吉里斯克。到了中世纪，巴吉里斯克就逐渐被赋予了更多鸡的特征，甚至形象成了以鸡为主。

最早记载巴吉里斯克的资料，也出自大普林尼的《自然志》。据说它主要分布在昔兰尼省，长度不超过人的12根手指，头上长有白色的斑点，酷似王冠。一旦它发出嘶嘶声，所有蛇类都会迅速从它身边退避开来。它不会像一般的蛇类那样曲折蜿蜒地行进，而是高昂着身体直线前进。它的所到之处，灌木杂草都会焦枯，岩石碎裂，仅仅是因为被它的身体碰到了，或者接触到了它的吐息。罗马人认为撒哈拉沙漠以前是郁郁葱葱的肥沃之地，直到被巴吉里斯克变成了一片沙漠。

卢坎在他的诗中也描写了巴吉里斯克，特别强调了它的剧毒：鸟只是从它的上空飞过就会被毒毙，战士骑在马上用长枪杀死它，它的毒素也会随着地面和长枪将战士和马一并毒杀。但它也有自然造化出的天敌，那就是黄鼠狼。黄鼠狼会使用芸香，这能保护它不受巴吉里斯克毒液的影响；它会钻进巴吉里斯克的巢穴中，狠狠咬住巴吉里斯克的胸口不放，杀掉巴吉里斯克。这种巴吉里斯克与黄鼠狼的宿敌传说，可能脱胎自眼镜蛇与獴之间的天敌关系。

大普林尼没有提到的巴吉里斯克传说，之后的一些作者进行了补充演绎。在圣依西多禄那里，巴吉里斯克开始被称为众蛇之王，比德加上了公鸡下蛋的桥段；亚历山大·尼卡姆认为巴吉里斯克的强大能力源自空气腐败。炼金术士认为巴吉里斯克的血液、人血、红铜的粉末和某种神秘配方的醋混合之后，能够将铜转化成西班牙黄金。大阿尔伯特记载了巴吉里斯克的死亡凝视，但是否定了其他传说，诸如由公鸡下蛋、它的骨灰能够将白银转化成黄金等等。乔叟的记载中增加了杀死巴吉里斯克的办法，让它听到公鸡叫声，或者用一面镜子放在它的面前，让它自己被自己挑衅，自己被自己的死亡凝视所杀。渐渐巴吉里斯克在传说变得更加强大可怕，它可以口吐火焰，发出的声音能够使生灵死亡，接触到人所持的物件就能将人即刻杀死。神秘家安里西·哥内留斯·阿格里帕为传说增加了更多的细节，它的栖息地从中东的昔兰尼转移到了西班牙的坎塔布里亚，古代世界中广泛分布，但现在已经很难见到了。如果一只老公鸡死前的午夜正好是满月而且天气晴朗，它就会产下生有巴吉里斯克的蛋然后死去，这种蛋的壳虽然柔软，但是坚韧。它刚破壳就有一双能够向外喷火的眼睛，被它注视的人或动物都会立即死去，只有黄鼠狼能够正面对抗它，它只能被公鸡的啼叫声杀死。

中世纪瘟疫横行，带来疾病和死亡的巴吉里斯克在这时的传说非常盛行，经常引起一个地区人们的集体恐慌。传说在教宗利奥四世执政时期，罗马一座神殿附近的拱门下躲藏着一只巴吉里斯克，它的气味引起了一场巨大的瘟疫，最后是教宗利奥四世用祈祷杀死了它，拯救了城市。在1202年的维也纳发生一场原因不明的集体昏厥，人们追踪到了一口井，发现一只巴吉里斯克藏在井中，不过发现时，它已经死去，人们为此树立起了一座雕塑作为纪念。1474年，在瑞士巴塞尔，人们发现一只正在下蛋的公鸡，于是这只公鸡立即被当局捕获、审判并定罪为火刑。在执行火刑之前，人们叫刽子手剖开了它的肚腹，在里面发现了三枚发育到不同程度的卵。

这些记载都没有1587年发生在华沙的巴吉里斯克事件详细，当时一个叫作 Machaeropaeus 刀匠的5岁女儿和另一个小女孩一起神秘失踪，刀匠的妻子和女佣四处寻找，最后在一栋30年前倒塌房子的地窖中发现了两个女孩，她们一动不动地躺在那里，任凭女佣怎么呼喊都没有回应。为了拯救这两个小女孩，女佣勇敢地走下了地窖，但她也很快倒在了地窖中。刀匠妻子很精明，没有跟着进入地窖，而是跑回家去寻找帮助。而谣言也迅速传遍了华沙，人们开始传言那是因为空气中有一种使人呼吸困难的气体，这种不同寻常的气体只能是巴吉里斯克造成的。为此惊动了参议院，参议院邀请 Benedictus 医师参与调查。Benedictus 医师曾经是国王的御医，对神秘学也颇有研究。调查者将尸体用长钩吊了出来，医师发现尸体异常肿胀，就像一个鼓，眼睛都从眼窝中凸了出来，就像鸡蛋一样大。他认为这些遗体明显不同于正常死亡的状况，于是当即在验尸现场宣布，这些死者是被巴吉里斯克所毒死的。他建议人穿着密闭皮质的衣服，戴上有玻璃视窗的头罩，拿着耙子，下到地窖去捕捉巴吉里斯克。虽然广泛征集志愿者，但不论是军人、警察还是一般市民，都没有人愿意去尝试。最后是一名叫作 Johann Faurer 的囚犯被说服了，条件是如果他成功捕捉到巴吉里斯克，它就能够得到无罪释放。在他下地窖捕捉巴吉里斯克的那天，现场至少有2000人围观，为他呐喊助威。经过一个多小时的摸索，他最终在地窖的壁龛里发现了一个奇怪的动物。经过一番折腾，他朝着阳光举起耙子，耙子上架着一个正在扭动身体的奇怪生物，它有着公鸡一样的头，癞蛤蟆一样眼睛，王冠一样的肉冠，一条弯曲的尾巴，浑身布满疣和鳞片，在阳光下反射出有毒动物特有的虹色。故事到这里就结束了，没有人知道这条巴吉里斯克的下落。

6-29

Cockatrice
鸡蛇怪

鸡蛇怪是传说中致命的奇异生物，cockatrice 是拉丁语中 calcatrix 的变体，源自 calcare 一词，意为行走。calcatrix 对应希腊语中的 ichneumon 一词，这个词中的 ichnos 意为足迹，ichneumon 在大普林尼的自然志中有载。它热衷于同蛇死斗，不过它有自己的策略，它会用泥裹满自己的全身，然后在太阳下晒干，而且是连着裹上几层，给自己加上一套铠甲。在战斗中它会腾挪躲闪，直到发现破绽，然后侧过头，对准蛇的喉咙，钻进蛇的体内。它在遇到鳄鱼时，也会使用同样的策略进行攻击。大普林尼并没有讲到鸡蛇怪的外形，有人认为这可能是一种分布在非洲和西班牙的猫鼬，或者类似于猫鼬的生物。

随着时间推移，人们将它视为水蛇之类的动物，并且渐渐跟鳄鱼和巴吉里斯克相混淆，特别是巴吉里斯克，在鸡蛇怪的传说流传过程中起到了很大影响，使鸡蛇怪变成了有着公鸡头、双足，类似于飞龙一样奇异生物。并且和巴吉里斯克一样，它也是由公

< 280

Gallus o𝔮𝔯𝔬𝔮𝔮𝔮𝔮𝔬𝔯, Serpentina
cauda conspicuus. Florentie in horto
Magni Ducis Hetruriæ Francisci ea
forma qua hic exprimitur omnium
admiratione risus.

6—29： 阿塔纳斯·珂雪1678年出版的《地下
世界》中的鸡蛇怪。

鸡下蛋，由蛇孵化而成，传说它所触碰到的植物都会枯萎，只有芸香不会被它的毒素影响，被它看到一眼的人和动物都会中毒身亡。它害怕公鸡的叫声，而黄鼠狼是它的天敌。文本的传播是一种奇妙的过程，就这样鸡蛇怪从蛇的宿敌变成了蛇怪，并且这种蛇怪的原型又正好是它的宿敌。

6—30： 瑞士学者余赫泽在1723年发表的某人
在登山时遭遇瑞士龙的场景。虽然这
可能是阿尔卑斯山当地诸多龙传说
的一种，不过有人认为画中的就是塔
佐蠕虫。

Tatzelwurm
塔佐蠕虫

塔佐蠕虫是一种流传在阿尔卑斯山地区的怪物传说，所以也被称为阿尔卑斯龙、瑞士龙，另外还有 Stollenwurm、Springwurm、Arassas、Praatzelwurm 和 Bergstutzen 等不同的称呼。这是因为阿尔卑斯山地跨德国、奥地利、瑞士和意大利，所以不同地区对它的称呼也有所不同。

根据记载，塔佐蠕虫最早被目击是在1779年，这位倒霉的目击者叫汉斯·福克斯（Hans Fuchs）。因为这次和塔佐蠕虫的遭遇使汉斯·福克斯受到了严重的刺激，患上心脏病，在去世之前，他将这件事告诉了自己的家人。在他的描述中，这种生物有5到7英尺长，身体呈蛇形，前肢有爪，长着一个像猫一样的头，一口锋利的牙齿。

1828年，又有人声称自己见到了这种怪物，不过这次是它的尸体，而且已经被乌鸦吃掉了一半。1883年或者1884年的时候，一个叫作卡斯帕·阿诺德（Kaspar Arnold）的人在奥地利蒂罗尔州上菲尔岑附近的施皮尔贝格看到了塔佐蠕虫。当时他正在山间饭店里，这只塔佐蠕虫在他面前足足出现了二十分钟。据他说，塔佐蠕虫确实只有两条腿。

在19世纪，塔佐蠕虫袭击人的传说非常盛行。有一则目击报告讲述了瑞士农场小女孩的遇袭遭遇，当时小女孩正在割豆秆，而附近正好有塔佐蠕虫的巢穴，这只受到打扰的塔佐蠕虫袭击了小女孩。有人转述小女孩的话说，它是灰色的，和家猫一样大小，看起来光溜溜的，全身没有长毛，只长了两条前腿。还有一则类似的遇袭记录，一个男子和他的儿子在山间采集药草，他突然听见了儿子的尖叫。他赶到儿子身边时，发现儿子附近的岩石下有条奇怪而可怕的生物，它口中发出蛇一样的嘶嘶声，脸长得像猫，有一对明亮的大眼。男子用一根锋利的木棍很轻易地刺伤了它，但从它伤口中喷出的绿血溅到了男子腿上，将男子灼伤，使他只能从山中一路跛行回家休养。

到了20世纪，大多数怪物传说都不再盛行，而留存下来也被归类为未确认生物体 UMA，塔佐蠕虫也成为了 UMA 之一。1921年夏天，有两名目击者在奥地利萨尔茨堡劳里斯附近看到了塔佐蠕虫，当时它朝着这两人的方向，在空中飞了9英尺。目击者声称，它全身灰色，只有两条腿，大概有2到3英尺长，头长得像猫。在1924年，这两人声称又发现了塔佐蠕虫的骨骼，有5英尺长，很像蜥蜴的骨骼。1934年，一个叫作巴尔金（Balkin）的瑞士摄影师声称自己在瑞士伯尔尼州的迈林根拍到了塔佐蠕虫的照片，经过验证后发现，照片是伪造的，里面的图像是一件陶瓷做成的鱼。塔佐蠕虫的目击报告一直持续到现在，最近一次是在2009年，在意大利的特雷西维奥（Tresivio）镇，这可能是谁家的蜥蜴宠物走失之后被人发现了，被当地人误认为是塔佐蠕虫或者巴吉里斯克。

现代一般认为塔佐蠕虫传说的原型可能是蝾螈、毒蜥或者石龙子，但是毒蜥和石龙子都不是阿尔卑斯山地区的原生生物。在传说中，塔佐蠕虫需要冬眠，这就是为什么它也被称为 Stollenwurm 的原因。到了冬季，它躲在山腰的裂缝中冬眠，或者冬眠在干草棚下的干草里，这就造成了很多人类和牲畜在阿尔卑斯山中、偏远村庄被潜伏的塔佐蠕虫袭击的记录。冬眠这一特性正是蝾螈所具有的，阿尔卑斯山上正好有蝾螈分布，不过除去冬眠这种特性之外，蝾螈和传说中的塔佐蠕虫也相去甚远。所以塔佐蠕虫究竟是源自真实存在的动物，还是某种独有的神话、文化、仪式、习俗演变而成的怪物传说，都还有待考证。

EMBLEMA XXIX. *De fecretis Natura.* 125

Ut Salamandra vivit igne fic lapis:

EPIGRAMMA XXIX.

*D*Egit in ardenti Salamandra potentior igne,
    Nec Vulcane tuas astimat illa minas:
Sic quoque non flammarum incendia sæva recusat,
    Qui fuit assiduo natus in igne Lapis.
Illa rigens æstus extinguit, liberáque exit,
    At calet hic, similis quem calor inde juvat.

Q 3   Duo

6—31：米夏埃尔·迈尔在1617年出版的
寓意画书籍《阿塔兰塔的逃亡》
(《Atalanta Fugiens》) 中的沙罗曼达
画像。

Salamandra
沙罗曼达

虽然在中世纪时期，沙罗曼达往往被作为与火有关的象征符号，但其实在诸如大普林尼的《自然志》等文本资料中，沙罗曼达是一种体温很低的生物，低到能够扑灭火苗，这种特性使它不畏惧火焰。它的身形和蜥蜴类似，但是全身都长满了斑点。它的口中会分泌一种乳白色的液体，只要人接触到这种液体，不论是哪个部位接触到，都会引起脱发、皮肤变色以及皮疹发作。除了下大雨的时候，它绝对不会外出，并且在天气转晴后就会消失。它的毒性很强，如果人直接用它接触过的器皿喝水或喝酒，会中毒身亡。

圣依西多禄所著的《词源》中对沙罗曼达传说的记载有了进一步演绎，里面讲到沙罗曼达是所有动物中唯一一种能够单凭肉身就能扑灭火焰的，它甚至可以生活在火焰中，不被焚烧、不受苦痛。在所有有毒的动物中，它造成的危害最大，它的毒素一次能够造成大量的人死亡。如果它爬到果树上，就会使树上所有的果实都会沾染上毒素，食用这些果实的人都会中毒而死；如果它落在一口水井中，井中的水都会带上毒素，所有饮用这口井中水的人都会死亡。

到了中世纪，沙罗曼达的形象更加多变，有时被画作类蛇的蠕虫，有时是一种白色的小鸟，有时是长有耳朵类犬的生物，有时甚至是有着人面、长须，戴着帽子的人兽混合体，不过这应该是针对教宗的讽刺画，最多的时候是被画成一只蜥蜴。在炼金术中，沙罗曼达往往代指硫磺或者硫化物。

和中国传说中的火鼠皮类似，混入石棉的纺织物，因为具有耐燃的特征往往被认为是由沙罗曼达的皮制成。因为是从东方传入，所以传说中的沙罗曼达皮制物，往往会被附上祭司王约翰或者印度皇帝的事迹，同时又和丝绸的传说混淆。在传言中，沙罗曼达是一种活在火中、会吐丝的虫，用这种丝制成的衣物，在清洗时，只需要扔进火中就行了。

到了文艺复兴时期，沙罗曼达的传说依然盛行。达芬奇认为它除了火不需要食用其他东西，所以体内也就不需要任何消化器官，它在火中会不断地蜕下死皮，长出新皮。炼金术士帕拉塞尔斯则认为沙罗曼达不是恶魔，而是火元素的化身，与人类的性质近似，除了没有被赋予灵魂。

欧洲民间也流传着很多关于沙罗曼达的传说，比如它含有剧毒的吐息会使人浑身浮肿，直到皮肤破裂。法国奥弗涅的牛群曾经爆发过这种症状，元凶就被认为是沙罗曼达，所以它由此得名"痛嚎的吐息"。布列塔尼人非常害怕它，甚至忌讳讲出它的名字，担心它听到后会将自己杀死。人们认为它很少呼吸，想要杀死它，只有长时间将它关在密闭的箱子里，让它吸入自己的有毒吐息。

沙罗曼达的原型可能是火蝾螈，这种蝾螈通体黑色，长有黄色的斑点，主要分布在中欧和南欧地区，一般在夜晚活动，下雨天会很活跃。有人认为火蝾螈习惯藏身在枯木中，当这些枯木被人作为柴火烧的时候，火蝾螈无法忍受温度逃窜出来，就像从火中诞生一样。同时，火蝾螈会分泌毒性很高的毒素，能够导致人的高血压、肌肉痉挛以及过呼吸。这种生物习性加上人们的演绎，最终构成了沙罗曼达传说。

HARPIE MÀLE, MONSTRE AMPHIBIE VIVANT,

Pris dans l'Amérique Méridionale, Province de Chili, en sortant du Lac de
...aqua, d'où il ne sortoit que la nuit pour dévorer Cochons, Vaches et Taureaux:
... Vice-Roy voulant éviter l'embarquement d'une trop grande quantité?
... bestiaux pour sa nourriture, le fit conduir dans les terres jusqu'au Golfe
... Honduras d'où on la embarqué pour la Havane et de la pour l'Espagne.
Ce monstre mange 1 Bœuf et 3 ou 4 Cochons par jours.

6—32： 1784年出版的法瓜湖怪物版画。

Monster of Lake Fagua
法瓜湖怪物

据说在1784年法国的《Courier de L'Europe》上刊载了这样一则消息：在秘鲁圣达菲的法瓜湖中发现了一种怪物，它的身体有20英尺长，整个身体都被鳞片覆盖，长着人一样的脸，嘴巴和脸一样宽，牛一样的角、有2英尺长，驴一样的大耳朵，狮子一样的锋利牙齿，蝙蝠一样的翅膀。它的头发很长，可以拖到地面，下半身就像是龙，并且身体末端分为两条尾巴，尾巴非常尖利，用一条尾巴来缠住捕捉猎物，用另一尾巴的刺来攻击、了结猎物的性命。它往往在夜间出没，主要捕捉当地人畜养的牛和猪。《Courier de L'Europe》刊载的消息称，人们已经将这个动物捕获了，并带回了欧洲，正在进行展出。不过后来证实这是一则带有玩笑性质的假消息，是18世纪末期法国流传的诸多讽刺漫画的一种。

Fagua，又被称为 Fagu 或者 Fagna，这则怪物传说融合了包括哈耳庇厄之内的诸种来源，在近代法国被民众作为对法国皇室生活奢靡、开支无度、国库枯竭以及国民议会毫无用处的象征和讽喻，其寓意可能是源自当时人们对希腊神话中哈耳庇厄的理解和认知。他们认为它代表着饥饿与荒芜，破坏肥沃的田地，将牲畜整只整只地浪费，把食物从人们的餐桌上直接偷走。

但古希腊的哈耳庇厄只是一种人首鸟身的怪物，并没有这么夸张的身体部件。这种怪物的具体形象可能源自十八世纪后半期，阿登森林流传的一种怪物，被人画成了版画流传。它长着蝙蝠一般的翅膀，龙的尾巴，驴的耳朵和鸟的脚爪，它的躯干、手臂和脸部都和人类的类似，它还长着下垂的乳房，有长长的头发，这些头发都是由蛇组成的，眼睛里流露出愤怒、疯狂的目光，爪子里抓着小孩，尾巴还卷着一头绵羊。在阿登森林怪物的阶段，人们并没有为它赋予政治含义，只是单纯作为一种怪物猎奇的谈资。

将这种怪物炮制得全法国知名的人是路易十八。1784年，在路易十八（这是他还没有成为国王）的指示下，一本叫作《象征性怪物的史实性描绘》的小册子出版了，其中将阿登森林怪物改编成了法瓜湖怪物，怪物的捕获者名字叫作 Francisco Xaveiro de Meunrios，这位 Meunrios 可能就是路易十八本人，因为他曾经有一个头衔叫作大亲王 Monsieur，而 Meunrios 只是将 Monsieur 的字母顺序变化的文字游戏。

这种怪物迅速在法国流行开来，很多巴黎的出版商都在发行这个怪物的图像木刻小报，出现了各种不同的版本，但内容都大同小异。法国人对这头怪物的好奇，忽视了它是被人为编造的传说，其中部分版本提到秘鲁总督将会把这头怪物带回西班牙，献给卡洛斯五世，还会在欧洲繁衍后代。自己杜撰的传说变得如此受影响，有这么多人信以为真，甚至有学者提出要前往西班牙的加的斯港研究，路易十八很是洋洋自得。

同样在1784年左右，巴黎开始流行一种以哈耳庇厄（la harpie）为名的女性着装潮流，吸引了包括玛丽·安托瓦内特在内的女性。采用装饰有三角形的印花丝带装饰礼服和帽子，使人联想到了法瓜湖怪物的角、牙齿和爪子。

1786年，一出叫作《Les Trois Folies》的戏剧上演，讲述了费加罗和苏珊娜在异国岛屿上遇难，岛屿上有敌对的原住民，以及哈耳庇厄，苏珊娜被原住民俘虏。故事最后苏珊娜得以逃脱，费加罗成了当地人的国王。当初这出戏剧的上演时间被推迟了几个月，据说是因为影射了当时的法国国务活动家、财政总监卡洛纳子爵。

1787年在阿姆斯特丹印刷的小册子上，制作者将皇后的形象和哈耳庇厄进行了融合，用以讽刺王室。之后又被人在用作对国民议会的讽刺漫画上，哈耳庇厄的角上穿着各种珠子，珠子上是各种法案和宣言的名称。

1792年，出现了一种新的图像模式，以美丽的青年女性象征自由，她的脚下踏着哈耳庇厄或者九头蛇。十年左右的时间，哈耳庇厄从人们追捧的谈资变为了腐朽丑恶的象征。这应该是路易十八这个怪物传说的推波助澜者所料想不到的吧。

Jenny Haniver
珍妮·哈尼弗

Jenny Haniver 源自法语 jeune d'Anvers，意为安特卫普的小伙子。它在十六世纪中叶开始流行起来，当时安特卫普码头周围的水手们会向游客出售各种新奇的物品，其中就包括珍妮·哈尼弗。它其实是水手利用鳐鱼制作的标本，可能受到了日本制作人鱼、河童标本的影响。英国水手间盛行伦敦东区方言，经过他们一说，就变成 Jenny Hanvers，逐渐演变为现在的 Jenny Haniver 并且固定了下来。

珍妮·哈尼弗常常被用作冒充龙、魔鬼、天使以及巴吉里斯克之类传说生物的标本，特别是巴古里斯克，因为传说被它注视的人即刻会死去，所以没有人见过它的真实样子。加之16世纪民众间广泛形成了巴古里斯克的恐慌，所以水手们常常将鳐鱼干制扭曲之后，用来冒充巴古里斯克的尸体。在新大陆人们对它看法又不一样，比如墨西哥的沿海城市韦拉克鲁斯，那里的人们认为它拥有某种神秘力量，施咒者常常在仪式上用到它。

6—33： 乌利塞·阿尔德罗万迪的《怪物志》
中的珍妮·哈尼弗形象。

康拉德•格斯纳在他的《动物史》一书谈到了珍妮•哈尼弗，并且提供了其形象的版画。他在书中对珍妮•哈尼弗的真相进行了说明，这些所谓小型龙或者怪物的标本都是假冒的，是由鳐鱼制成的。

用来伪作标本的鳐鱼一般是犁头鳐，被人们看成眼睛的部位，实际上是它的鼻孔，为了构成头部，制作者需要将连成片的头鳍和胸鳍剪开，还要在胸鳍末端剪出细肢充当怪物的前肢。

6—34：16世纪德国彩色版画传单上的修
士鱼。

Sea Monk
修士鱼

Sea monk 也被翻译为海中修士，有人根据汉语的习惯，将它翻译成海和尚，这样就和日本传说的海坊主产生了联系。翻阅故纸堆，会发现了《三才图会》中记载的和尚鱼。不过修士鱼并不是那种直接造成自然灾害的妖怪，或者光头龟背，而是人们以讹传讹，导致真相扑朔迷离的传说。

有记载，在1546年，人们在丹麦东海岸的西兰岛附近的厄勒海峡，发现了一条很像修士的海洋生物，并且将它描述为一种鱼。它的体长大概有8英尺，大概是2.5米的样子。它的头部是黑色的，侧腹部有嘴，长有背鳍和尾鳍。

1770年时的一篇记载中诠释了将它称之为修士的原因。它被人叫作修士，是因为它和修道士一样，有着隐修式的生活习性。这种解释明显是望文生义。其中对修士鱼的外观又有了进一步的描述，说它长着像人的头和面孔，它的头顶上就像是修道士那样剃光了头发，留下一个发圈；它的下半身长满了鱼鳞，只能勉强辨认出类似于人的关节和下肢。这种描述中增添了更多的细节，看起来更加离奇，比起修士鱼传说的早期版本更加吸引人。于是在欧洲流传的版本都和这种描述大同小异，根据这种描述而绘制的形象也出现在各种活字印刷小报上，也很快被博物学家们收录在自己的著作中。

因为修士鱼的传说本身没有故事性，只是人们在海岸上发现了一种奇形的生物，所以围绕它展开的情节往往是根据文献中仅有的内容来辩论真伪、探讨原型。有人认为它其实就是大王乌贼、琵琶鱼、海象、海豹之类；还有人将它和珍妮·哈尼弗的传说联系起来，是用鳐鱼伪造的。反驳者认为传说中的修士鱼并不是干制的尸体，最新的一种学者推论认为，它的原型可能是天使鲨。天使鲨又被称为太平洋扁鲨，它的身体轮廓和博物学者书中的版画非常相似，但遗憾的是，它的头部不是黑色的。还有人从社会文化层面来理解这则传闻：当时正值欧洲的宗教改革时期，发现修士鱼的1546年正好是主导德国宗教改革的马丁·路德逝世的年份，路德宗热衷利用各种怪物现世的不祥预兆来攻击天主教，修士鱼也出现在了德国的印刷小报上。丹麦受到德国的影响，也开始脱离天主教，改信路德宗，到现在丹麦国内有85%以上的人信仰路德宗，而只有0.6%的人信仰天主教，所以传说的后半段出现了丹麦国王得知后，下令将修士鱼尸体掩埋的情节。

Bishop Fish
主教鱼

主教鱼（Bishop fish），往往也被称为海中主教（sea bishop），在博物学家的著作中，主教鱼往往和修士鱼并列出现。在图式中，它的头部往往长有形似主教冠的尖顶。主教冠最初是只有教宗才能够佩戴的一种仪式性礼帽，它的尖顶象征五旬节圣灵的火舌。后来随着权柄超越世俗君王，教宗们开始佩戴三重冕，而主教冠为了一众主教的礼帽。主教鱼身上长有类似于主教披肩和长袍的部分。

主教鱼的传说在16世纪时期出现，它被捕获之后，送去给了波兰国王，波兰国王希望能够将它保留下来。之后一对天主教主教前来参观时，它向这些主教做出祈求的手势，希望能够放它自由。主教们批准了它的请求，它在离开时，向主教们做出画十字圣号的动作，之后便消失在茫茫大海之中。另一例人类遭遇主教鱼的事件是在1531年德国附近的海域，人们在打鱼将它捕获，这条主教鱼在被捕之后不吃不喝，三天之后因为绝食而死。

< 302

L'euefque de mer.

La terre n'a euefques feulement,
Qui font par bule en grad hôneur & tiltre,
L'euefque croift en mer femblablement,
Ne parlât point, côbien qu'il porte mitre.

6—35： François Desprez 在1562年出版的
《Recueil de la diversité des habits》中的
主教鱼。

也有主教鱼食人的传说，当主教鱼发怒的时候，会伸出长长的手臂，抓住渔夫的船。它还会找到渔夫的女儿，将她拖进自己的巢穴中饱餐一顿，然后将尸骨送还给渔夫，这时大海如果有风暴也会平息。因为本身的宗教特征和传说形成的年代接近，主教鱼常常被用作和修士鱼并列，但是主教鱼有类似于人的四肢，有智慧，能够和人沟通，可以做出一定的动作，更接近观念中的人鱼。

6—36： 乌利塞·阿尔德罗万迪的《怪物志》
中的海中异兆。

6-36

Merwunder
海中异兆

1523年11月3日，在罗马出现了一只奇怪的水生物，它长着人类的躯干，看起来就像五六岁的小孩，肚脐以下是鱼身；他的耳朵比起人耳，看起来更像是异兽的器官。解读文字中没有提到的是，它在对应人类腿的位置，长着类似腿的身体部件，上面有蹼。它最初被称为海中异兆。

1523年正好是老卢卡斯·克拉纳赫制作"教宗驴"画像的年份，这时路德宗对天主教的舆论战正打得如火如荼，其中不乏各种怪物降生的传说被配以怪诞的画像，印制成小报。据说，同年的9月23日，在那不勒斯还出现了彗星，随之而来的是暴雨和地震，这些和罗马出现的这只人鱼小孩一样都是因为罗马天主教的不公义，而招致来的上帝警告。人鱼小孩正好也是先出现在德国的这种小报上，然后才被自然学家、博物学家收录在自己著作中，比如1558年的《Fischbuch》(《鱼书》) 中，但在德国的小报中是女性上身的人鱼。

这种人鱼小孩的形象出现在了包括康拉德·格斯纳等诸多博物学家、生物学家的著作中，和他一起被收录进书中的往往还有特里同和塞壬，两者在这里往往被用作表现男性人鱼和女性人鱼。这种图式中的男女人鱼并排在一起，他们在书中的形象和人鱼小孩如出一辙，都是肚脐以上为人，肚脐以下为鱼，长有类似腿的身体部件，也有蹼。虽然古罗马、中世纪乃至文艺复兴时期，人鱼的形象中存在有以蟹钳、鸟爪给人鱼添加腿部的倾向，但明显将鱼鳍分为腿，应该是从人鱼小孩的木刻版小报开始。比如这种男女人鱼并排的图式在1600年的木刻版画中被称为特里同与海芙宁，这副版画和后世诸多博物志中特里同和塞壬形象非常相似，但是其中的人鱼并没有被画上腿状的鱼鳍。

Aspidochelone
巨鲲

巨鲲和中国典籍中的巨鳌、吞舟之鱼类似，都是体形巨大，背上长出植被，有海滩、有山峰，让人误以为是海岛的鱼、龟之类。Aspidochelone 一词源自希腊语，是由 aspis（蛇或盾牌）加上 chelone（龟）构成，这不免使人联想到中国神话中镇守北方的神兽玄武。在公元2世纪，希腊人编纂的自然博物类书籍《生理论》中提到了巨鲲是一种巨大的鲸鱼，它将自己隐藏起来，只露出背面，看起来就像是海滩一样。经过的水手误认为这是一个岛屿，于是就钉下木桩，将船停泊靠岸，之后开始生火做饭。鲸鱼被火烧灼之后，会下意识地潜入水中，而固定在它背上的船也被连带着拖入深海，水手们也被淹死。也有传说称巨鲲会发出一种香甜的气味，诱惑鱼受骗，然后将鱼吞噬。在天主教观念中，巨鲲被认为等同于恶魔，用诡计蒙骗人类，使人们将希望寄托在它身上，然后背叛人类，将人类拖入地狱的烈火之中。这种类似的巨大海生物传说广泛存在于各种文化之中，在爱尔兰圣徒圣布伦丹的传说中，有一条大鱼摧毁了圣布伦丹向伊甸园朝圣的兽皮船。它往往

6—37： 富伊瓦的修所著的《动物寓言集》
中的巨鲲，这是1270年佛兰德斯地
区的手抄本。

被叫作Jasconius，也被误认为是一座岛屿。在圣经《约拿书》中，约拿逃避去尼尼微传道，遇到海难，被上帝安排大鱼吞掉，在鱼腹中度过了三天三夜。圣伊西多尔在《词源》中提到，这条鱼应该有山一样大的身体。在因纽特人的传说中，有一种叫做Imap Umassoursa的海怪，它的体型巨大，常被水手们误认成海岛，它潜入水中时，携带的水流会把水手们卷进深海。在中东传说中有一种叫作Zaratan的巨龟，它以体型巨大和长寿闻名，也会被人误认为是海岛，在博尔赫斯的《想象中的动物》中也有描述。日本江户时代的妖怪绘卷《绘本百物语》中也提到了一种巨大的海怪，被称为赤鱝之鱼，传说一艘从千叶县南部出海的渔船，因为遭遇了大风，迷失了航向，偶遇一座海岛，登岛的人发现岛上草木茂盛，还有淡水和鱼，但是海岛突然下沉，水手和船也被下沉的乱流带入了海底。智利民间传说一种叫作Cuero的海怪，Cuero意为皮革，是指这种海怪会像皮革一样平摊在海面，引诱水手，吞噬任何接近它的生物。

< 310

6—38： 乌利塞·阿尔德罗万迪的《怪物志》
中的海蛇。

Sea Serpent
海蛇

人们对海中潜伏着巨大蛇类的幻想从来没有停止过，希伯来神话中的拉哈伯、利维坦，北欧神话中的约尔姆加德，希腊神话中的塞特斯、厄喀德那，中国神话中的蛟等等，无一例外都是海中的巨大蛇形怪物。

虽然各个文明区域内都有海蛇传说出没，不过其中最为盛行的，并且在海蛇传说形成过程中影响最深的，应该是斯堪的纳维亚半岛区域的民间传说。传说在公元1028年，挪威国王奥拉夫二世在挪威西部的瓦尔达尔杀死了一条海蛇，他将海蛇的尸体留在Syltefjellet山峰上，现在当地也有根据海蛇命名的地标。奥拉夫二世在1027年的时候联合瑞典出兵攻打丹麦，当时丹麦是克努特大帝在当权，克努特大帝建立了包括丹麦、挪威、英格兰、苏格兰大部和瑞典南部在内的帝国，所以奥拉夫二世虽然是一时人杰，但遇到了一个更强大的对手。这次进攻以失败告终，他自己也流亡到了诺夫哥罗德。至于奥拉夫二世在与丹麦开战的一年后，有没有在瓦尔达尔杀死海蛇就难以考证了。虽然奥拉夫二世失败了，但是他还是受到了挪威人的尊敬，被封为圣奥拉夫，称为挪威的主保。他杀死海蛇的传说，可能也是英雄屠龙神话的分支和演变。

瑞典神学家奥劳斯·马格努斯（Olaus Magnus）在他的《海图》中描绘了海蛇的形象，在他的《北方民族志》中记载了人们传说中的海蛇。那些沿着挪威海岸航行去贸易或者捕鱼的人，都会提到一条长200英尺、粗20英尺的巨蛇，它出没在卑尔根的断崖和洞穴一带，在夏季的夜晚，它会离开洞穴，偷吃人们圈养的牛犊、羊和猪，也会在海中寻找水母、螃蟹之类的食物。它的脖子处悬挂着长长的须状物，身上长满了锋利的黑色鳞片，红色的眼睛目光如炬。它会突然像柱子一起从水中冒出，攻击船只，将落水的船员吞掉。

挪威的路德派传教士汉斯·鲍尔森·埃杰德记载，在1734年7月6日，他乘坐的船驶过格陵兰岛的海岸时，船上的人们突然骚动起来。海面上出现了一个可怕的生物，这种生物人们之前都没有见到过。它的脖子很长，抬起的头就像树杈上的乌鸦巢一样，它的头很小，身体很短，周身皮肤起皱，但长有巨大的鳍在水中划动。之后船员们才看到它的尾巴，它的身长比整艘船都长。

受到北欧的影响，英国也产生了很多关于海蛇的传说，并且随着英国近代的影响力广为传播，形成了延续至今的海洋未知生物文化。

6—39： 罗马的科隆纳家族委托制作的双
尾人鱼铜像，年代大概是1571年—
1590年。

6-39

Twin-tailed Mermaid
双尾人鱼

现代最常见的双尾人鱼图形应该是星巴克的标志,而双尾人鱼的
形象最早可能在公元7世纪就已经出现。

在意大利佩萨罗的一座大教堂的马赛克地板上,出现了双尾人
鱼的形象。这座教堂的马赛克地板是7世纪的拜占庭时期铺设的,
500年后,她出现在奥特朗托大教堂的马赛克装饰上。也许因为
在当时奥特朗托是一个繁荣的港口城市,大教堂上的双尾人鱼启
发了当时很多人。之后这种形象在欧洲广泛流传,特别是13世纪
之后,她成为中世纪动物寓言题材的一种,被用作教堂上的装饰,
用来反对中世纪教会谴责的恶习,教会将她用来对应淫欲,以警
告当时的男人和女人。到了14世纪,法国开始流行梅露辛的传说,
而梅露辛的形象很快就和双尾人鱼联系在了一起。

虽然有星巴克的成员认为他们的标志来自某个16世纪的北欧木刻
版画,但是这说法缺乏可靠的证据支持,这种双尾人鱼的形象可

能就是梅露辛的形象，它的画像在15世纪到16世纪在法国乃至北欧都比较盛行。双尾人鱼也被用作纹章，作为无敌与繁荣的象征。

后来，头戴皇冠、手持自己双尾的人鱼也被用作出版业者的标章，这里是用以象征知识，可能源自双尾人鱼在炼金术寓意画中的含义。她的两条尾巴被视为一种双重属性，被称为哲人塞壬，是更加仁慈的启蒙象征，她代表了地元素与水元素的统一，身体与灵魂的统一，象征着宇宙水银，能够召唤出万物源自于此、万物皆归于此的世界灵魂（Anima Mundi），是所有哲人的向往。

关于人鱼为什么会头戴皇冠，有人认为这可能是受到希腊—罗马神话的影响，地中海沿岸的一些城市将人鱼·海王子特里同视为建城者，很多城市将人鱼作为纹章，海王子的特里同自然会佩戴皇冠。同时，很多贵族将人鱼作为自己的先祖，比如最著名的梅露辛，梅露辛的部分图像也是佩戴冠冕的。

双尾人鱼这种手持自己尾巴的姿势，有人认为可能源自欧洲民间信仰的遗存，和祈愿丰襄的地母神有关。这种分开双尾的姿势，是一种强调女性器官的动作，意味着生命力、生育力等自然之力。

Ipupiara
伊普皮亚拉

伊普皮亚拉是巴西传说中的一种海怪，Ipupiara 一词源自图皮语，意为水中之人，一方面现于当地印第安人的传说中，一方面被欧洲的博物志所记载。在佩罗·德·麦哲伦·冈达沃的记载中，1564年圣文森特的海岸边，一个叫作伊雷塞的印第安姑娘正在找寻自己的情人安迪拉，但是只发现了怪物，安迪拉明显已经遇害。伊雷塞在逃跑途中遇到了巴尔塔萨·费雷拉，他是圣文森特的首席指挥官，巴尔塔萨·费雷拉拔剑迎击这个怪物，最终杀死了他。德国版画上也有对这则英雄战胜怪物的记录，不过有说是乔治·费兰多的儿子杀死了它，还有说是费迪南德·乔根的儿子，印第安人并不是完全被拯救的对象，而是帮助白人英雄，向怪物射箭，有记载是两名，有记载是五名。

这种怪物被描述为有15英尺长，全身长满毛发，嘴唇边长有胡须，像丝绸一样光滑；或者是有绿色天鹅绒一般的皮肤，画像中往往为椭圆状的身体，胸部长有乳房，肚腹处长有阴茎，类似于人的

6—40： 1565年德国彩色版画传单中的伊普
皮亚拉。

手臂，后腿是鸟爪，能够站立。

耶稣会士费尔南·卡丁的记载又有不同，这种生物很高，但非常令人厌恶，他们会拥抱人类、亲吻人类、将人类抱着挤压，使人窒息而死，然后吃掉人的眼睛、鼻子、脚趾、手指和生殖器。这种生物也有女性，她们的头发很长，很美。法国探险家让·德·莱里也有关于伊普皮亚拉的记载：有人曾经用独木舟在海上钓鱼，突然从海中伸出一只爪子扣在船舷上，想要爬上船来，这种情况下他立即拿起刀对着这个爪子砍了下去，这只爪子被砍了下来，落进了船里。他这才看清这爪子和人手很像，都有五只手指。被砍掉了手的生物痛得从水中露出了头，发出一小声呻吟，它的头也类似人头。

有认为巴尔塔萨·费雷拉杀掉的怪物可能是海狮，虽然海狮并不鲜见，但很少出现在圣文森特海岸一带。

6—41： 安布鲁瓦兹·帕雷《关于怪物与奇
迹》中的萨尔马提亚海蜗牛版画。

6-41

Sarmatian Sea Snail
萨尔马提亚海蜗牛

萨尔马提亚海是波罗的海的旧称，也可以被称为东日耳曼海。根据16世纪法国医师 Andre de Thevet 在自己著作《宇宙志》（《Cosmography》）中的记载，在萨尔马提亚海栖息着一种巨大的蜗牛，它的体型很大，就像酒桶一样，在它的头部长着鹿角一样的身体组织，鹿角每个分支的顶端，长着有光泽、小而圆的球端，看起来就像优质的珍珠。不同于其他的软体动物，它的眼睛分布在头部两侧，能够像蜡烛一样明亮地发光。它长着一个圆形的鼻子，使人联想到猫，鼻子周围是胡须状的白色毛发，鼻子下面长着一个巨大的嘴巴，就像裂缝一样，嘴巴下面悬挂着一个外观可怕的赘肉。它的脖子粗壮，尾巴长而且五颜六色，有类似老虎一样的斑纹。另一点和众多软体动物不同的地方是，它长有钩爪，而不是伪足。而它和蜗牛唯一能够产生关联的地方，大概就只有背上那巨大、坚固、厚重的环状蜗壳了。

虽然萨尔马提亚海蜗牛有着惊人的外观，但实际可能非常胆小，行动很谨慎，一般栖息在外海。它被认为是两栖类动物，主要的食物来源是岸边或者海中的植物，它会趁低潮时，偷偷来到海岸边吃草。

萨尔马提亚海蜗牛的肉可以食用，据称吃起来肉质鲜美、细腻，是一种美味，还能有助于预防肝和肺方面的疾病，它的血液也具有药物价值，可以用来治疗麻风病。

至于萨尔马提亚海蜗牛的原型究竟是什么，人们众说纷纭，有人认为是某种未知的两栖腹足类动物，也有人认为是裸鳃类动物的变异。也有人考证，中世纪以前人们常常将龟壳和蜗牛壳混淆，在1485年出版的德国首部自然史百科全书《健康花园》(《Hortus Sanitatis》) 的木刻版画中，海龟就被画成了长有两条腿的蜗牛，而眼睛和胡须可能源自海豹，萨尔马提亚海蜗牛是一种传播过程混淆不同动物特征而产生的怪物传说。

the Monster of Africa
非洲怪物

在16世纪中的德国版画传单中，记载这个怪物在法国位于普罗旺斯昂蒂布和尼斯之间的地中海岸边出现。它从海中升起，猎杀人类，被记载为无敌的海怪。

安布鲁瓦兹·帕雷在自己的著作《怪物与惊异》中记载，这种怪物的背部有黄色的十字线交叉，身上有很多条腿，尾部很长，末端有毛球，插图作者给它绘制了覆盖全身的鳞甲，绘制了十二条腿，每条腿上有四个尖锐的爪子，身体左右以及后部都长有一只眼睛和一个耳朵。

安布鲁瓦兹·帕雷自称关于这个怪物的记载援引自约翰·雷欧的著作《非洲志》。其中提到，这种异常怪诞的生物，身体是圆形的，和乌龟类似，在它的背上，有两条线正好相交成十字形，每条线的端点处，正好是一只眼睛和一个耳朵，一共就有四个眼睛和四个耳朵，使这个动物能够眼观四面、耳听八方，不过它只长了一

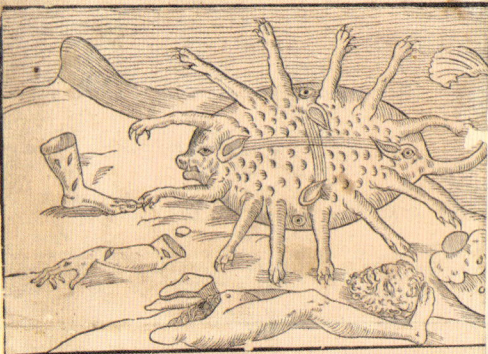

La grande et merueilleuse Beste laquelle a este veue entre Antibes et Nice er
ce nouuellement imprimee.

M Y, i'ay bien voulu prendre la peine de reſcrire les cho
ſes auenues nous eſtant ſur la mer mediterrance, entre Au
tibes & Nice, pres vne ville qu'on appele ſainct Troupeau,
tirſt à Freius le xxij. iour de Ianuier dernier paſſé, d'vne be
ſte laquelle n'a point eſté veue ſi horrible & eſpouuantable que reſte-
ty) car nous eſtant ſur le gouffre de Grimaut iettant noſtre veue ſur
la terre, viſmes vne beſte ſortir de la mer auſſi groſſe & horrible que
l'on ſçauroit eſtimer, ayāt douze tibes autour du corps, & vne croix
trauerſant d'vn bout à l'autre, & à chacun bout vne aureille & vn œil,
tels que les voyez au pourtraict, auec vne queue fort enorme & d'āge
reuſe, & auoit deux dents fortäs de la gueule en maniere d'vn porc ſā-
glier, fort difforme & deſmeſuree, dont eſtant ſaillie en terre demeura
l'eſpace de trois heures pres ſainct Troupeau, tellemēt que la dite vil-
le fut fort eſmerueillée de voir choſe ſi horrible. Si s'aſſemblerent
tous les villageoys d'entour la marine circōuoiſine iuſques à Freius,
& ſe mirent en armes pour le cuider auoir, tant en barques cottoyant

la riue marine, que par terre. Lors la vinrent aſ-
ſes à autre baſton de Guerre, tellemēt que lot
te beſte par l'effort qu'on luy ſaiſoit, mais tout
neant, pource que de ſa queue de derriere el
uement autour du corps qu'elle entua pluſieu
Alors ſiſmes auancer les harquebuſiers pou
la dōmager, mais tout fut en vain, tant auoit à
mes eſtrains de nous en fuir & abandonner l
eſtoyent ſur le gouffre craignās la fureur de ce
ſerent approcher de nous, ſins cō employent l
roit & briſoit les morts, & les ayās demeuré fit v
ultable cri qu'il s'eſloit que tout deuſt abiſme
fre de la mer, & a eſté contrefaite entre t
ce, & ennoyée aux priſcipales villes de no
moin le patron Emar, & Ian emar, Pierre ca
trons de Marine demeurans à Lres, pres Toul

个嘴巴和一副肚囊。这个怪物围着身体长了许多腿，使它不需要转身就能够向任何方向行进。当地的居民证实，这种生物的血对治愈伤口有奇效。现代有人考证后认为这可能是对章鱼科或者蛸科生物的误传。

6—43： 1569年德国版画传单中的欧坦的

异卵。

欧坦的异卵

在法国国王查理九世时期，欧坦地区一名女佣在制作蛋糕时，磕开一枚鸡蛋，发现了异象。鸡蛋里面是一个男人的头，他的头发和胡须全部都是蛇头，看起来就像水母，这个异象被上呈了给当地的男爵，然后由男爵上呈给国王查理九世，之后的发展就没有记载了。

查理九世所在的16世纪正是宗教改革时期，查理九世作为天主教的拥护派一度反对法国新教教派胡格诺派。这则异象中兼具人兽合交的禁忌，往往被新教渲染为上帝惩罚的预兆，以反对天主教，这可能是这则异象得到广泛传播的原因。特别是博物学家收录进书籍的图像，都是出自当时的德国小报，制作年代大概是1569年，德国路德宗正是利用各种传言发起对天主教舆论攻击的始肇和主力。而一年之后的1570年，查理九世就因为胡格诺派势大，选择与胡格诺派暂时妥协，但是在自己母亲凯瑟琳·德·美第奇的控制下，还是在1572年发起了圣巴托罗缪之夜，不过这是后话了。现代学者认为这枚鸡蛋里面的胚胎可能已经开始血管发育了，造成了误认和以讹传讹。

IIII. Monſtrum capite aſinino.

6—44： 乌利塞•阿尔德罗万迪的《怪物
志》中的教宗驴。

6-44

Papal Ass
教宗驴

16世纪马丁·路德和一众宗教改革的支持者与罗马公教之间发生舆论战，马丁·路德一方在一众画家的支持下，制作很多攻讦罗马公教、教宗、修士的讽刺小册子，特别是设计的教宗各种敌基督者形象，马丁·路德也是第一个使用这种舆论手段的人。这些画家中就有老卢卡斯·克拉纳赫（Lucas Cranach），作为宗教改革的同情者和记录者，他为马丁·路德绘制了那副流传至今的路德像。

这幅老卢卡斯的教宗驴创作自1523年，不过他并不是始作俑者，文策尔·冯·奥尔穆茨（Wenzel von Olmutz）大概在1496年到1500年间创作了教宗驴的形态，当时他将这幅画命名为世界首都罗马（Roma Caput Mundi），画中的怪物驴首、龙鳞，女性的躯干，一只人手、一只象手，一条马腿、一条鸟爪，一张人脸长在后腰，尾巴是龙首，站在台伯河边，它在1496年的洪水之后出现。不过文策尔的这幅画可能只是为了记录出现在台伯河的怪兽传说，并没

< 330

有宗教、政治上的含义。

马丁·路德则将此解读为这个怪物是来自上帝的警示，是因为教宗将上帝激怒了，之后还会出现更多的预兆。马丁·路德的好友墨兰顿对此做了更详细的解读，比如他认为怪物后腰部的人面是教宗权力衰落和消亡的标志。后来这个图像被不断复刻，对此的解读往往集中在嘲讽教会的威权上，驴头意味着愚蠢的领导者，一手为人一手为象意为教会向人施行善举的同时也在压迫弱者，牛足意为教会有着来自苛政者的坚固支持，鸟爪意为威权者与平民之间的激烈对峙。比起罗马公教那些用拉丁文写就的艰涩神学论文，路德一众的讽刺画更容易被人接受。加上路德一众采用了刚诞生不久的活字印刷术，印刷的小册子是同期公教出版物的5倍，所以路德宗抹黑公教黑得很成功。

Monk Calf
僧侣胎牛

僧侣胎牛在路德宗的宣传小册子中与教宗驴一起出现，作为路德宗攻击罗马天主教的事例，成为德国宗教改革中流传甚广的图像之一。在记载中，它在1522年12月8日，诞生于德国萨克森州的弗赖堡城，有人认为它其实就只是牛产下的畸胎。

马丁·路德曾经在给创世纪30章做注解时提到，女性在怀孕期间受到惊吓或其他外部刺激的影响会生产下畸形的儿童。如果一个女性在怀胎时见过尸体，她就会产下一个长得尸体的胎儿。女性在怀胎时突然受到惊吓，如果在这时她的身体部位被自己的手触碰到，在胎儿身体的相应位置上会出现血点。

僧侣胎牛的眼睛生下来就不能视物。它的后腿形状很奇怪，看起来像人一样能够站立。围在它头部的皮肤形状就像修道士斗篷上的头罩。据马丁·路德说，布拉格的一个天文学家在看到这个图像之后，说到怪物确实意味着一些可怕的事情，甚至是最可怕的

VI. Non multum diſſimile monſtrum cornutum, & alatum aliud exhibemus: hoc habebat caput facie Satyri, cornu, & auribus deturpatum, brachiorum loco, alas in-ſtar auis, pedes duos, quorum dexter humano erat ſimilis, cum oculo in genu, & ſi-niſter ſquamoſus in caudam piſcis definebat. In pectore huius monſtri tres litteræ, nimirum X Y & V expreſſæ cernebantur, ſed V ſupra figuram Luriæ veluti adoleſcen-tis obſeruabatur. Hinc eruditi viri ad præſagia animam conuertentes, flagelli diuini declinandi rationem ex his tribus litteris didicerunt. Nam X Chriſti crucem, & Y Pythagoræ littera virtutem deſignat: ideòq̃ ſi homines pro arcenda Dei ira, ad Chri-ſti Crucem, & virtutes confugient, proculdubiò virtutibus Cælum Lunæ penetran-tes, ad ſedes vſq̃ empyreas peruenient.

Expoſitio litterarum.

VII. Vitulomonachus Sorbini.

6—45： 乌利塞·阿尔德罗万迪的《怪物
志》中的僧侣胎牛。

事情。为此，他迅速将这个怪物图像加之诠释，并印制成小册子。

墨兰顿进一步解释道，这个怪物代表了修道主义的罪恶，它的眼盲代表了道德上的盲目，它的大耳朵意味着忏悔圣事的邪恶，它僵硬的脖子象征着死板的禁欲观念。和教宗驴一样，它是来自上帝的警告，教宗驴的出现预言着教宗的垮台，僧侣胎牛的出现预言着修道士的垮台，路德宗宣称这只预言兽意味上帝也是修道主义的敌人，教皇制的信奉者必须学会以这只怪物为鉴，正确认知天堂对他们这些人的看法。

僧侣胎牛作为怪物传说，也续存到了冠名为"亚里士多德的杰作"之类维多利亚时代的助产士手册中。不过描述演变为如果它的耳朵长在脸上，那么它的眼睛就会长到胸上或大腿上。

VIII. Infans ſʈʏɑɴʟʀɔ￼, cum promuſcide , & capitibus animalium.

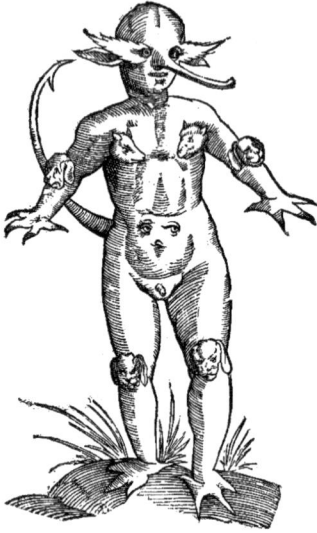

ſere permoleſtum eſſet. Hoc eodem tempore Gothi, Vandali , & Hunni deua-
ſtantes paſſim regiones, folo illas pænitùs adæquarunt , & Romanum Imperium
tunc adeò debilitatum eſt, vt nulla ſpes priſtinæ authoritatis recuperandæ ſuper-
eſſet.

I i   IX. His

6—46： 乌利塞·阿尔德罗万迪的《怪物
志》中的克拉科夫怪物。

Monster of Cracow
克拉科夫怪物

根据皮埃尔·鲍埃斯杜的记载，克拉科夫怪物在1543年或1547年、波兰的克拉科夫降生，所以被命名为克拉科夫怪物。传说他在保罗归信的日子降生，眼睛发出火苗，鼻子生得像牛角，身体像大象，背后长有长毛，乳头的地方长出猴子的头，肚脐上长出了猫眼，手肘和膝盖上长出了狗的头。它的降生被认为是一个错误，它被认为是恶魔之子，是一个过度兴奋的、顽固的女性怀上有缺陷、腐败的胎种。

他身上的动物脸是中世纪手抄本中恶魔的典型标志，眼睛上的光焰和丢勒在1566年创作的正义之神（Sol Justitiae）眼睛上的光焰在表现方式上非常近似。据说他出生后四小时就死去，在去世前，他也留下了预言，说："注意吧，主即将降临。"在很多记录中，这则怪物降生的消息来源地都指向了明斯特，明斯特在德国宗教改革发生了著名的明斯特之叛，也是反罗马天主教的重镇，这种反罗马的预言怪物与明斯特有关也并不奇怪。

这时距离马丁·路德炮制预言怪物已经过了20多年，不过这种预言怪物的出现还是受到了路德宗的关注。马丁·路德的追随者雅各布·雷夫（Jacob Reuff）是一名医师，他的著作影响了后世那些冠名为"亚里士多德的杰作"的助产士手册，他在自己的著作《De conceptu, et generatione hominis》中讲到，虽然人们声称这个怪物是上帝创造的，但是这个怪物的诞生是因为鸡奸，这里更多是人们自作孽造成的后果。

6-47

Hairy Child
毛孩

在各种冠名亚里士多德的家庭助产士小册子中出现的毛孩，都记载着他诞生于1597年的法国，有些小册子中，地点甚至具体到了普罗旺斯的阿尔勒。根据文字描述，它是男性的婴儿，全身就像野兽一样长满了毛发，本来该长鼻子的位置，长出了肚脐眼，本来该长嘴巴的位置，长出了眼睛，然后嘴巴长在了下巴里。在一些版本中，作者声称自己曾经在阿尔勒居住过，亲眼见过这个毛孩。这个毛孩只活了不过几天，每个见过他的人都感到一种深深的恐惧。人们将它看作预兆，预示着来自天堂的愤怒即将降临在这个王国，引起荒凉与骚乱，人与人折磨彼此就像野兽一样，每个人都想将自己的邻居割喉，有些人会被活生生地穿刺，有些人会被架在火刑铁格上慢慢烙烤直到气绝。这些小册子中的毛孩也呈现出两种模式，第一种是将眼睛画在原位，但周围被嘴巴包围住，在鼻子部位有一个不太明显的肚脐；另一种这是依照描述，将眼睛画在肚脐位置以下，但实际并没有低到嘴巴的位置，于是所谓的肚脐，看起来就像是第三只眼，所以有些版本中会给面部的肚脐加上脐带。

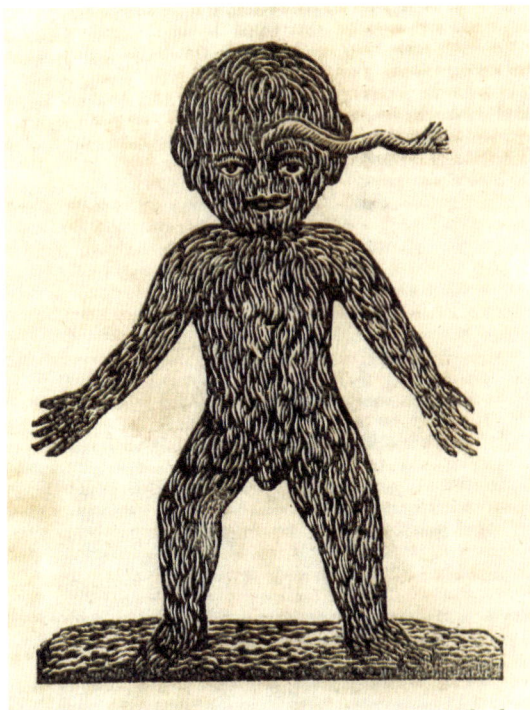

6—47： 1831年在新英格兰出版的《著名
哲学家亚里士多德的杰作》中的
毛孩。

6-48

Monster of Ravenna
拉文纳怪物

monster 一词源自古拉丁语 monstrum，本意为超出正常范围的、令人害怕的、使自然安排产生混乱的，进而引申为神谕、预兆，在14世纪后期演变为异常、假想、传说生物的代名词。

当人们说起拉文纳怪物的时候，总会转述起编年史作家塞巴斯蒂亚诺·迪·布兰卡·泰德里尼（Sebastiano di Branca Tedallini）的记载。这段记载虽然只有87个词，但是他们不愿意放过任何细节，似乎其中的一切都有直通上帝福音的神秘启示，和开启历史之门的关键。值得一提的是，泰德里尼也只是一名转述者，他只是早期拉文纳怪物传说传播中的一环。为了使这条记录显得可信，或者别有深意，或者只是生抄照搬，他将证明信息可信度的人放置在了教宗尤里乌斯二世的名下，但这位中道崩殂的教宗可能根本就没有听说过拉文纳怪物的传说。

怪物的命名和诞生地被确定为拉文纳，或许与拉文纳会战有关。

concitauit: vnde poſtea die Reſurrectionis Dominicæ, penes Rauennam, maximum
bellum conflatum eſt. Alij verò, ex aſpectu huius monſtri, illud tempus varijs, & ne-
farijs hominum vitijs non carere ſunt vaticinati: nam per cornu monſtri, ſuperbiam,
per alas, leuitatem, & inconſtantiam mentis, per defectum brachiorum, nulla recta
opera, per pedem rapacis auis, rapinam, vſuram, & auaritiam, per genu oculatum, ſo-
lam hominum ad res mundanas propenſionem, & per vtrumq; ſexum, omnem turpiſ-
ſimi luxus ſpeciem expoſuerunt.

VI. Monſtrum cornutum, & alatum aliud.

V. Monſtrum cornutum, & alatum cum pede rapacis auis.

6—48： 乌利塞·阿尔德罗万迪的《怪物
　　　志》中将两种经典的拉文纳怪物
　　　形象进行比对。

当新教教派将怪物与教宗德行挂钩时，或者没有想到1512年也是欧洲中世纪最残酷的会战之一——拉文纳会战发生的时间节点。当时的意大利被西班牙、法国等国染指，教宗尤里乌斯二世希望能够一统意大利。他在1511年，联合威尼斯、西班牙、英国和瑞士各州成立神圣同盟，驱逐法国在意大利的势力，法国国王路易十二先发制人，命令他的外甥加斯东·德·富瓦公爵率领驻意的法军一路势如破竹，进逼拉文纳，罗马城也岌岌可危。为了阻止法国的兵势，尤里乌斯二世让西班牙、教皇国和意大利雇佣兵16000人在拉文纳聚集。1512年4月11日刚好是复活节，两军在这一天开始会战，当时双方投入500门以上的火炮，展开了8个小时以上的绞杀，阵亡人数达到13000人以上，最终法军惨胜，但是统帅加斯东在乱军中战死。人们希望能够有一个不祥的预兆来证明这场战争的惨烈，而法国也需要一个由头证明自己发动战争的正义性，拉文纳怪物在此时此地诞生正好被视为上帝的愤怒和警告。路易十二对意大利的战争是替天行道，而战争的责任全数被归于教宗尤里乌斯二世的好战与权欲，是他造成了意大利各城市共和国之间的分裂。

在这之后，拉文纳怪物的传说就像瘟疫一样蔓延了开来，并且诞生了新的版本，有人说它诞生在1506年或者1512年2月27日的佛罗伦萨，由教宗和修女所生；也有人说它诞生在1512年3月12日的博洛尼亚。受新教教派、特别是路德宗的影响，路德宗为了争取更多的信徒和舆论支持，确立自身的正当性，印制了大量的小册子攻击罗马公教，制造对自己有利的舆论。小册子中除去编造公教的腐败、异端裁判所滥用酷刑等内容之外，还收集、杜撰了怪诞的生物，比如教宗驴（Papstesel）和僧侣胎牛（Mönchskalb）。这两种怪物的传说形式类似，即用某事某地诞生畸怪的事例，来证明罗马公教的失道和不仁义，拉文纳怪物也不例外，在这些版本中，对怪物描述更具冲击性和煽动性。

而在泰德里尼的原文中，拉文纳怪物的母亲叫作莫妮卡（Monica），而它的生父不是教宗而是一位修士，其中 Monica 只是一个普通的名字，没有任何实指。相较于修士这个身份不够形象，所以在后来的传说版本中，怪物生母的身份吸收了佛罗伦萨版传说，被定为修女，Monica 这个名字则被隐去。时人认为独身者能够持守圣洁，比结婚者神圣，不结婚也可以更好地侍奉上帝，想要成为修士或修女要正式发三绝誓愿，必须安贫、听命、禁欲，而修士与修女行人事则是公教道貌岸然、腐败、虚伪的象征，作为他们违背誓愿的惩戒，诞生的后代只能是畸胎。在早期拉文纳怪物的传说中，没有任何文字提及他诞生之后的下落，而介于公教教会面对类似事件都是以遮遮掩掩的态度处理，所以在后来的一些传说版本中，拉文纳怪物的存在被上报给了教宗尤里乌斯二世，而教宗则下令将它饿死，也有人说教宗怜悯怪物的不幸而拯救了它。

这时的博物学正进入早期自然科学和迷信逐渐分离的时期，人们对畸形生物、特别是畸形人类婴儿的诠释滞留于宗教观念和早期自然科学的混淆。而和众多并联双生、多手多脚更"科学合理"

畸胎相比，拉文纳怪物明显带有中世纪宗教寓意特征，和教宗驴、修士牛犊相比，它是由人直接产下，给人们造成的心理恐惧更为直接，它的形象在传播中的生命力更长久，也几经演变。

在泰德里尼的记载中，拉文纳怪物有着一个大大的头，前额上长着一只角，有一张大嘴，在他的胸前有三个字母：YXV，胸口长着三根长毛，一条腿毛茸茸的，长着恶魔的爪子，另一条腿中间长着人眼。

佛罗伦萨药剂师卢卡·兰杜奇（Lucca Landucci）也是拉文纳怪物传说重要的传播者，他声称自己见到了一副奇异的画，上面画着一个怪物，它头上长着独角，应该长着手的部位长着一对蝙蝠一样的翅膀，胸口上有记号，下身长满蛇纹，同时长着男性和女性的生殖器官，一只膝盖上长着人眼，一只脚就像鹰爪。

怪物的传说也流传到了西班牙，安德烈·贝纳尔德斯（Andrés Bernaldez）有这样的记载：他的头像狮子，身体上有新月形的标记，有蝙蝠的翅膀，狗的阳具，蟾蜍的左腿，上面长满蛇的鳞片。

在法国，我们有弗朗索瓦·诺伊（Francois Inoy）的记载：它的头部光秃秃的只有一只角，耳朵就像火苗或者翅膀，长着大嘴，没有手，但长着一对羽翼。右侧胸部是男性，左侧胸部是女性而长有乳房，身体的左侧上有两个希腊十字，胸部下方有一对尖端朝下的火焰，性别不明，有人类的右腿，左腿为鳞片所覆盖。

德国自然不会放过这种传闻，在一块作者不详的雕版上，有这样的记载：这孩子有蝙蝠翅膀一样的手，在头上长有一只角，在他的心脏位置有 IXV 三个字母，在 V 的下面还有一个新月符号，胸部的下方有一对焰芒向下的火焰，一只脚像人，在膝盖的位置有一只人眼，另一条腿就像鱼，有三只长蹼的脚趾。人们无法搞清楚，他到底是男孩还是女孩。

接下来，拉文纳怪物的形象在约翰尼斯·穆多瓦里斯（Johannes Multivallis）笔下，产生了关键性的转变。在此之前的记载中，拉文纳都是双腿的，但在这里，他变成单独的鸟足鸟爪，其余的头生独角，双手为羽翼，膝上生目，雌雄同体的特征都得到保留，不过身体上的记号变成了 Y 和十字符。穆多瓦里斯版的形象影响广泛，这之后的诸如吉罗拉莫·罗西（Girolamo Rossi）一系列的画家、博物学者都采用这种独脚的形象，甚至17世纪到19世纪英国流传最广泛的医学手册《亚里士多德的杰作》中也在出现，这时的图像没有了标志性的独角，而这几乎是拉文纳怪物传说最后的传播了。

人们尝试对拉文纳怪物的形象起源做科学上的解释，对那些记载在典籍中文字进行病理学意义上的还原，认为他可能是患有罗伯茨综合征的胎儿。但是这种思维忽略了怪物传说的本质，怪物只是望文生义的表象，他的内在是预兆、是神谕，是上帝愤怒导致的降灾，他的构形并不是单纯的客观记录，而是具有宗教意义的隐喻。

对拉文纳怪物身体上各部分的解读有很多，拉文纳之战后法国流传的解释是：角代表虚荣、骄傲、野心，翅膀代表见异思迁，没有手臂代表善行不足，鸟足代表贪婪，膝盖上的人眼代表过剩的爱，雌雄同体代表索多玛之罪，也代表男色，这种解释更多是依葫芦画瓢。穆多瓦里斯笔下的拉文纳怪物变为单足，或许不是偶然，他让拉文纳怪物的形象和七大罪的寓意画产生了联系。

时间回溯到15世纪的1414年或者1415年，慕尼黑本笃会修道院的修士阿博特·彼得罗斯一世刚刚完成了一部手抄本，叫作《Biblia Pauperum》，可以译为《贫民的圣经》。在这部手抄本中有一幅插图，图中的怪物为女性，它背生蝙翼，一条腿独立，为鸟足鸟爪，正被另一条为龙首的腿咬住。这是一幅将七宗罪集合在一起的寓意画，每一个部分都对应一种罪。这种图式到了15世纪末期演变为单腿鸟足立足在地球上，孔雀羽毛的冠冕代表傲慢，手持圣杯代表暴食，右臂上的驴代表怠惰，左臂上的狼代表愤怒，蝙翼代表嫉妒，领口代表色欲，鸟爪代表贪婪，单足的拉文纳和这幅画已经非常相似了。

当然，拉文纳怪物的谜团也不仅仅是这些，它胸口的那些符号更使人疑惑，一般是 YXV，偶尔会是 IXV，或者 Y 和十字符，这些符号所指的就是耶稣。YXV 和 IXV 同样，都是指希腊语中鱼这个单词：Ichthus，这样看也许不够直观，不过将希腊语 ἰχθύς 拿出来之后，就可以发现，不管是 YXV 也好，IXV 还是也好，都是对 ἰχθύς 的简写。这个词是早期基督徒为避免受到罗马帝国迫害而使用的一种暗号，刚好是由 ΙΗΣΟΥΣ（耶稣）、ΧΡΙΣΤΟΣ（基督）、ΘΕΟΥ（神的）、ΥΙΟΣ（儿子）、ΣΩΤΗΡ（救世主）这个五个名词的首字母组成。十字符就是三位一体中第二位格——圣子的符号。

拉文纳怪物这种怪物诞生类型的传说是历史与人群的共谋，是中世纪宗教概念在文艺复兴和宗教改革浪潮颠簸中产生的畸变。在维多利亚时代之后，随着人们对世界的了解逐渐加深，拉文纳怪物的传说也不再流传。

Rhinogradentian
鼻行兽

鼻行兽的灵感来自德国家喻户晓的诙谐打油诗，里面讲到了一种用鼻子走路的动物，它拖着自己的小崽子，倒立着走路，那些古书里都没有它的记载，它叫作鼻行兽（nasobame）。20世纪中期，德国海德堡大学的斯坦纳教授为了让他的学生能够更好地理解生物学，在他的生物课上，用板书杜撰出了鼻行兽的学名：rhinogradentian，和它们的生物性状、生存环境等等，随后整理成书出版。他并没有想到自己一时的起意引起了世界范围的影响，基于这本满是专业术语的伪书，人们不断给鼻行兽传说加油添醋：鼻行兽生存在南太平洋的小岛"Heieiei"上，被二战时期从日本在东南亚俘虏收容所中越狱的瑞典军人艾纳·彼得松（Einar Pettersson-skämtkvist）偶然发现。Heieiei岛上有一种巨大的活火山，和各种各样奇异的动植物，也有土著人居住，但是感染了外来者带来的疾病，全部死亡。这座岛被发现后十多年，就因为美军核试验引起的活火山喷发而沉入海底。

Orchidiopsis
rapax

6—49： 杰罗尔夫·斯坦纳（Gerolf Steiner）教
授《鼻行兽》一书中的插图。这种鼻
行兽叫作兰花鼻行兽，花瓣状的鼻子
是从胚胎时就开始发育的，鼻翼的表
面会分泌出吸引虫子的黏液。

鼻行兽成了像是尼斯湖水怪那样的未知生物，但是细看就能够发现，这本书不过是理科生的玩笑之作，斯坦纳在出版这本书的时候使用了化名哈拉尔德·斯图普克（Harald Stümpke），Heieiei 岛的名称 heieiei 是德国俚语，翻译成中文就是"真他妈的、该死"。某些鼻行兽通过鼻中的海绵体充血保持站立的姿态，就像阴茎勃起；某些鼻行兽以吃南太平洋上没有的胡萝卜为生；某些鼻行兽用鼻涕钓鱼；作为同一目的生物，某些鼻行兽是软体动物形状，某些鼻行兽长有类似人类女性的双乳，之间的形态差异太大。

斯坦纳也充分保留了自己的学术态度，杜撰了14个科，一共189种不同的鼻行兽，煞有介事地给这些鼻行兽取上了拉丁文学名，并且配上了插图。根据这些插图，日本人乐此不疲地还原了鼻行兽的标本，其中根据骨骼示意图所做的骨骼标本被当作鼻行兽化石。这并不是好奇的人们想要的事实，在这些被还原的标本的展览过程中，鼻行兽真实存在的话题不断被翻炒出来，甚至有人说自己拥有捕获鼻行兽的真实照片。鼻行兽是虚拟信息传播中的特殊案例，相较于其他的杜撰科学书籍，它有着丰富的实物材料；相较大脚怪、飞棍这些坊间传言中的未知生物，它有着翔实到解剖图的专著书籍。这两点是独一无二的，也使它成了杜撰学的经典。